東京の地下鉄相互直通

所澤秀樹・来住憲司 著

ガイド

第2版

創元社

首都圏の鉄道路線は、走ってくる車両を見ると、どこの
会社の運営なのか、よくわからなくなる

序 東京の地下鉄は相互直通運転の見本市 7

いいこと尽くめの相互直通／こんなにある！ 東京の相互直通／関西の相互直通事情／海外の相互直通事情／不可思議な直通運転⁉／相互直通を読み解く楽しみ／相互直通を読み解くヒント

第1部 東京の地下鉄 相互直通運転概況 17

東京メトロ Ⓗ 日比谷線 18

相互直通相手　東武鉄道

東京メトロ Ⓣ 東西線 22

相互直通相手　JR東日本／東葉高速鉄道

東京メトロ Ⓒ 千代田線 26

相互直通相手　JR東日本／小田急電鉄
片直通相手　箱根登山鉄道

東京メトロ Ⓨ 有楽町線 　Ⓕ 副都心線 32

相互直通相手　東武鉄道／西武鉄道／東急電鉄（副都心線のみ）／横浜高速鉄道（副都心線のみ）
片直通相手　相模鉄道（副都心線のみ）

東京メトロ Ⓩ 半蔵門線 44

相互直通相手　東武鉄道／東急電鉄

東京メトロ Ⓝ 南北線 　都営地下鉄 Ⓘ 三田線 50

相互直通相手　東急電鉄／埼玉高速鉄道（南北線のみ）
片直通相手　相模鉄道

都営地下鉄 Ⓐ 浅草線 58

相互直通相手　京成電鉄／北総鉄道／京浜急行電鉄
片直通相手　芝山鉄道

都営地下鉄 Ⓢ 新宿線 70

相互直通相手　京王電鉄

東京の地下鉄 直通運転ネットワーク図　10
東京メトロ・都営地下鉄路線図　74

第2部　東京の相互直通運転の歴史と実態　75

第1章　異なる事業者間の列車直通運転の歴史瞥見　76

1　片直通運転のいろいろ　76

小田急電鉄→箱根登山鉄道の片直通／新京成電鉄→京成電鉄の片直通／芝山鉄道にみる変則的な片直通

2　相互直通とは違う「線路共用区間」　77

3　日本の相互直通運転のあゆみ　79

日本の直通運転事始め／鉄道網の拡充と直通運転／全国に点在していた直通運転／国鉄直通用の急行型気動車を導入した富士急行／「何でもあり」の伊豆急行／近畿日本鉄道と名古屋鉄道の相互直通運転／名古屋鉄道の高山本線への乗り入れ／南海電気鉄道の紀勢本線への乗り入れ／小田急電鉄の御殿場線への乗り入れ／JR東日本と東武鉄道による直通特急

4　通勤・通学と直通運転　90

第2章　地下鉄と郊外鉄道との相互直通運転が盛んな理由　92

1　大手私鉄による都心への乗り入れ　92

本邦初の都市型相互直通運転／大手私鉄による都心乗り入れ免許申請／秩序だった都心部交通網の構築／大阪における相互直通運転

2　6社局による協議　94

協議のスタート／紛糾する協議／営団と都交通局のスタンスの違い／もしも直通運転がなかったら

第3章　異なる鉄道事業者間における相互直通運転の取り決めごと　99

1　まずは規格の統一から　99

相互直通のために改軌した京成／大阪市営地下鉄・阪急・南海による相互直通の夢／路線によって軌間が異なる地下鉄／3線軌道による直通運転／車両のサイズを統一する／車両のサイズが違っていてもいい!?

2　乗務に関する決まりごと　103

乗務するのは自社線のみ／境界駅におけるルール／異なる法律に準拠した相互直通

3　機器の統一も大事　105

運転台の規格も極力統一／連結器の統一／まだまだある規格の統一／ATC、ATSの多重装備／機器の取替・改造は自社負担が原則／機器の費用負担の問題

4　"場違いな運用"はなぜ起こる　111

地下鉄線内だけを走る私鉄車、JR車／地下鉄線内を走らない地下鉄車／東京だけじゃない"場違いな運用"／"場違いな運用"が起こるワケ／走行距離を等しくする／「車両キロ」の調整

　5　アンバランスな運用の理由　115

　　千代田線における小田急車の運用／三田線における東急車の運用／清算運用の
　　裏技としての"代走"／ダイヤ改正が生んだ奇妙な運用／「車両キロ」相殺の
　　奥の手／車両を"年季奉公"に出す!?／「折り返し駅」絡みの清算運用／多摩
　　田園都市を走る東武電車

　6　「連絡運輸」ときっぷの問題　125

　　連絡運輸とは何か？／ICカードで連絡きっぷが消える？

第4章　相互直通運転の謎──運行番号から境界駅まで　127

　1　東京の地下鉄における「運行番号」のからくり　127
　2　列車番号から追跡できる車両編成の1日の仕事　130

　　車両編成の運用を追いかける／JR東日本の列車番号の付け方／東急電鉄の列
　　車番号の付け方／東武鉄道の列車番号の付け方／運行番号ベースでない列車番
　　号の場合

　3　相互直通運転における車両運用机上追跡の実践例　136
　4　本家の影が薄い地下鉄路線？　146
　5　相模鉄道以外にもあった東京の地下鉄における片直通運転　149
　6　他社線内に飛び地的に車庫を設ける地下鉄　151
　7　新車の搬入にも生かされる相互直通の縁　154
　8　相互直通運転の境界駅はややこしい　157

　　共同使用駅の業務委託／直通運転境界駅の管理者

資　料　編　163

　　資料1　「運輸省の指示事項」（営団・都交・東武・東急・京浜・京成）　164
　　資料2　「列車の相互直通運転に関する覚書」（営団・東武・東急）　165
　　資料3　「列車の相互直通運転に関する覚書」（都交・京浜・京成）　167
　　資料4　「地下高速度鉄道の建設について」（営団・都交・東武・東急・京浜・京成）　169
　　資料5　「運転取扱協定書」「直通運転に伴う運転事故および旅客負傷事故等の処理
　　　　　　に関する申し合わせ事項」「渋谷駅構内の取扱いに関する協定書」（営団・東
　　　　　　急）　170
　　資料6　「2号線車両規格」（営団・東武・東急）　174
　　資料7　「列車の相互直通運転に関する契約書」（東武・営団）　177
　　資料8　「営団半蔵門線、東急田園都市線及び東武伊勢崎線・日光線との間におけ
　　　　　　る列車の相互直通運転に関する契約書」（営団・東急・東武）　179
　　資料9　「相互直通運転に伴う運転事故及び旅客負傷事故等の処理に関する申合せ
　　　　　　書」（営団・東急・東武）　181
　　資料10　「東急所属車両の使用料金に関する協定書」（営団・東急）　183
　　資料11　「鷺沼駅と鷺沼検車区との営団車両の出入区等に関する契約書」（東急・営団）　184
　　資料12　「押上駅共同使用契約書」（都交・京成）　186

第2版　あとがき　188
参考文献　190

註：本書掲載のデータは、『マイライン東京時刻表』2023年版首都
　　圏大改正号に基づいており、とくにことわりのないかぎり、
　　2023年4月末日現在のものです。ただし、以降同年12月まで
　　の変更も可能なかぎり反映しています。

小田急の向ケ丘遊園駅を通過する東京メトロ千代田線の往年の主力車6000系。この光景はもはや見られない

営団地下鉄時代の東西線に乗り入れた懐かしの国鉄103系1200番台。東西線のラインカラー水色に反して、共通運用の301系同様、黄色帯だった。理由は25頁のコラム参照

序

東京の地下鉄は相互直通運転の見本市

いいこと尽くめの相互直通

　地方から上京なされた御仁が、わが国首都東京の地下鉄に乗ると、人によっては目眩がすることもあるという。なぜか。原因は乗客の多さだけではないらしい。

　よく言われるのが、めまぐるしい車両運用だ。地下鉄なのにJRの電車が走ってきたり、私鉄の東武や東急の電車が現れたり、はたまた路線によっては小田急のロマンスカーまでもが登場したりするわけで、何が何だか訳がわからなくなるということらしい。江戸っ子ならばどうとも思わぬようなことも、はじめて遭遇した人が面食らうのも無理はない。

　東京の地下鉄はじつに便利だ。路線の多さ、ネットワークの稠密さ、運賃の安さなど、そう思わせる要因はいろいろあるが、その最大の要因は、都営地下鉄浅草線や東京メトロ副都心線、千代田線に代表される地下鉄と、私鉄・JRなどの郊外鉄道路線による大規模かつ複雑な「相互直通運転（相互乗り入れ運転）」にあるといえないだろうか。

東京メトロ千代田線に現れる小田急ロマンスカー

　鉄軌道における「相互直通運転」「相互乗り入れ運転」とは、異なる鉄道事業者・軌道経営者が運営する路線の列車・車両が、その境界を互いに越えて相手の領域にまで直通（乗り入れ）運転するこ

とをいう。このおかげで、利用者は何かと面倒な乗り換えから解放され、移動時間も短縮される。まさに究極のバリア・フリーで、いいこと尽くめといえる。

こんなにある！　東京の相互直通

　東京の地下鉄各線における相互直通運転を中心とした直通の相手は、表序-1のとおりだ（「東京メトロ」は「東京地下鉄株式会社」の愛称）。

都営地下鉄新宿線を走る京王電鉄と東京都交通局の車両

東京メトロ日比谷線では、東京メトロと東武鉄道の車両が活躍する

　東京の地下鉄は全部で13路線。このうち相互直通運転を行っていないのは、初期に建設された東京メトロ銀座線・丸ノ内線と、特殊な構造の鉄輪式リニア地下鉄を採用する都営地下鉄大江戸線だけで、ほかの10路線は必ず1社ないし2社の鉄道事業者と相互直通運転の関係を結ぶ。

　東京メトロ副都心線などは、東武鉄道、西武鉄道、東急電鉄、横浜高速鉄道とい

表序-1　東京の地下鉄各線の直通運転の相手

◇東京メトロ日比谷線 ↔
東武鉄道伊勢崎線〈東武スカイツリーライン〉／日光線

◇東京メトロ東西線 ↔
JR東日本中央本線〈中央緩行線（中央・総武線各駅停車）〉／総武本線〈総武緩行線（中央・総武線各駅停車）〉
東葉高速鉄道東葉高速線

◇東京メトロ千代田線 ↔（一部 ←）
JR東日本常磐線〈常磐緩行線（常磐線各駅停車）〉
小田急電鉄小田原線／江ノ島線（江ノ島線は小田急車使用列車に限り直通運転）
箱根登山鉄道鉄道線（箱根登山鉄道は小田急車使用列車に限り直通運転）

◇東京メトロ有楽町線 ↔
東武鉄道東上本線〈東上線〉
西武鉄道西武有楽町線／池袋線／狭山線（狭山線はベルーナドーム〔西武ドーム〕における野球開催日の臨時運転に限り直通運転）

◇東京メトロ半蔵門線 ↔
東武鉄道伊勢崎線〈東武スカイツリーライン〉／日光線
東急電鉄田園都市線

◇東京メトロ南北線 ↔（一部 ←）
埼玉高速鉄道埼玉高速鉄道線〈埼玉スタジアム線〉
東急電鉄目黒線／東横線〈目黒線〉／東急新横浜線
相模鉄道相鉄新横浜線／本線／いずみ野線（相模鉄道各線は相鉄車・東急車使用列車に限り直通運転）

◇東京メトロ副都心線 ↔（一部 ←）
東武鉄道東上本線〈東上線〉
西武鉄道西武有楽町線／池袋線／西武秩父線（西武秩父線は西武車使用列車に限り直通運転）／狭山線（狭山線はベルーナドーム〔西武ドーム〕における野球開催日の臨時運転に限り直通運転）
東急電鉄東横線／東急新横浜線（東急新横浜線は相鉄車・東急車使用列車に限り直通運転）
横浜高速鉄道みなとみらい21線〈みなとみらい線〉
相模鉄道相鉄新横浜線／本線／いずみ野線（相模鉄道各線は相鉄車・東急車使用列車に限り直通運転）

◇都営地下鉄浅草線 ↔（一部 ←）
京成電鉄押上線／本線／東成田線（東成田線は京成車使用列車に限り直通運転）／成田空港線〈成田スカイアクセス線〉
芝山鉄道芝山鉄道線（芝山鉄道は京成車使用列車に限り直通運転）
北総鉄道北総線
京浜急行電鉄本線／空港線／逗子線／久里浜線

◇都営地下鉄三田線 ↔（一部 ←）
東急電鉄目黒線／東横線〈目黒線〉／東急新横浜線
相模鉄道相鉄新横浜線／本線／いずみ野線（相模鉄道各線は相鉄車・東急車使用列車に限り直通運転）

◇都営地下鉄新宿線 ↔
京王電鉄京王線／相模原線／高尾線

※直通運転の相手路線名は正式線名を記載したが、〈　〉内に旅客案内上使用する愛称線名なども示している。
※↔は相互直通運転を表し、←は一方的な直通（片直通）運転を表す。

※副都心線直通列車は
東京メトロ車・東急車のみ

※日比谷線直通列車は
東武車のみ

西武秩父

小川町

森林公園

南栗橋

久喜

東武動物公園

西高島平　小竹向原

川越市

東武鉄道

和光市

※副都心線直通列車は
西武車のみ

飯能

小手指

西武鉄道

練馬

中野

笹塚

JR東日本

三鷹

京王八王子

京王電鉄

※新宿線直通列車は
京王車のみ

北野

高尾山口

橋本

調布

小田急電鉄

向ヶ丘遊園

中目黒

相模大野

東急電鉄

二子玉川

東急電鉄

※千代田線直通列車は
小田急車のみ

※南北線直通列車は
東急車、相鉄車のみ

東急電鉄

田園調布

西馬込

新横浜

日吉

※千代田線直通列車は
小田急車のみ

中央林間

長津田

相模鉄道

本厚木

海老名

二俣川

西谷

横浜

※副都心線直通列車は
東急車、相鉄車のみ

京急蒲田

小田原

伊勢原

大和

湘南台

※三田線直通列車は
東急車、相鉄車のみ

箱根登山鉄道

箱根湯本

横浜高速鉄道

元町・中華街

藤沢

片瀬江ノ島

金沢八景

逗子・葉山

堀ノ内

※浅草線直通列車は
京急車のみ

浦賀

三崎口

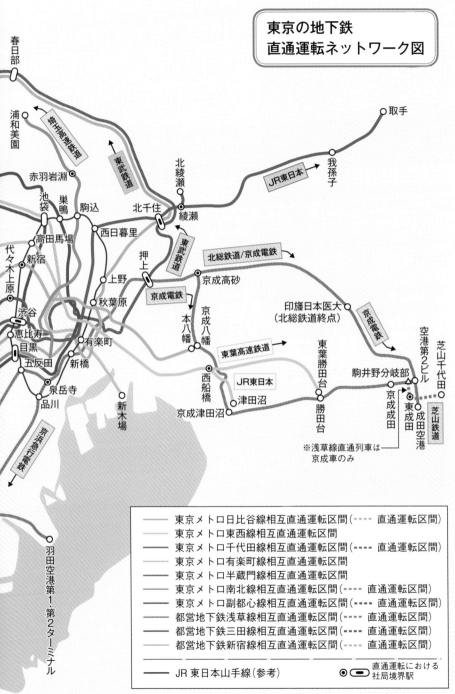

東京の地下鉄
直通運転ネットワーク図

春日部

取手

浦和美園

埼玉高速鉄道

北綾瀬

JR東日本

我孫子

東武鉄道

赤羽岩淵

北千住

池袋　巣鴨　駒込

綾瀬

西日暮里

高田馬場

押上

東武鉄道

北総鉄道/京成電鉄

代々木上原

新宿

上野

京成高砂

京成電鉄

渋谷

秋葉原

印旛日本医大
（北総鉄道終点）

京成電鉄

空港第2ビル

芝山千代田

恵比寿

本八幡

京成八幡

有楽町

東葉勝田台

駒井野分岐部

目黒

新橋

東葉高速鉄道

京成成田

五反田

西船橋

JR東日本

勝田台

芝山鉄道

泉岳寺

新木場

津田沼

東成田

品川

京成津田沼

成田空港

京浜急行電鉄

※浅草線直通列車は
京成車のみ

羽田空港第1・第2ターミナル

―――― 東京メトロ日比谷線相互直通運転区間（---- 直通運転区間）
―――― 東京メトロ東西線相互直通運転区間
―――― 東京メトロ千代田線相互直通運転区間（---- 直通運転区間）
―――― 東京メトロ有楽町線相互直通運転区間
―――― 東京メトロ半蔵門線相互直通運転区間
―――― 東京メトロ南北線相互直通運転区間（---- 直通運転区間）
―――― 東京メトロ副都心線相互直通運転区間（---- 直通運転区間）
―――― 都営地下鉄浅草線相互直通運転区間（---- 直通運転区間）
―――― 都営地下鉄三田線相互直通運転区間（---- 直通運転区間）
―――― 都営地下鉄新宿線相互直通運転区間（---- 直通運転区間）

―――― JR東日本山手線（参考）　　◎ ⊂⊃　直通運転における
　　　　　　　　　　　　　　　　　　社局境界駅

※地下鉄路線の詳細は P.74 の「東京メトロ・都営地下鉄路線図」参照

都営地下鉄浅草線と京成電鉄は、地下鉄における相互直通運転の草分け

小田急小田原線に乗り入れた東京メトロの車両⓪

東急目黒線で顔を合わせる東京都交通局と東急電鉄の車両

相模鉄道の車両⓪は副都心線に乗り入れるが、東京メトロの車両は相模鉄道に乗り入れない

JR中央線に乗り入れた東京メトロの車両⓪

った都合4社が相互直通運転の相手で、加えて相模鉄道とも直通運転を行っている（片直通運転）。関係社局は都合5社となる（将来的には東京メトロや東京都交通局〔三田線〕の車両が相模鉄道に乗り入れることも考えられる）。じつに複雑な関係だ。

都営地下鉄浅草線についても、京成電鉄、北総鉄道、京浜急行電鉄、さらには片直通運転の芝山鉄道まで含めれば、4社との関係を維持している。

関西の相互直通事情

東京の地下鉄はまさに相互直通三昧だ。これほど異なる鉄道事業者間で列車の直通運転が大々的に行われている地域が、ほかにあるだろうか。

東京に次いで稠密な路線網を誇る大阪市のOsaka Metroの場合、相互直通運転を行っているのは全8路線のうち3路線、すなわち阪急電鉄（千里線・京都本線）、北大阪急行電鉄、近畿日本鉄道（けいはんな線）の3社のみだ。

ちなみにOsaka Metroは「大阪市高速電気軌道株式会社」の愛称で、この社名からも察せられるように、同社が営む地下鉄・ニュートラム路線の大部分は、法規上は「鉄道」ではなく「軌道」だ。したがって、その相互直通運転は「異なる

鉄道事業者・軌道経営者によるもの」と表現するのが正しい。なお、相互直通相手のうち近畿日本鉄道けいはんな線は、都心寄りの区間がOsaka Metroと同様の「軌道」となっている（生駒トンネル大阪側坑門付近の「鉄軌分界点」より西側）。

近畿日本鉄道（奈良線・〔大阪線〕・難波線）と阪神電気鉄道（阪神なんば線・本線）による相互直通運転は、地下鉄を介さない大手私鉄同士によるものという点では珍しいが、大阪都心部での事例ということを考慮しても、東京には遠く及ばない。

また、Osaka Metroの相互直通相手のうち阪急電鉄以外の2社の直通路線は、地下鉄の延長線を大阪市交通局（大阪市高速電気軌道株式会社の前身）ではなく、直通相手の私鉄、あるいは地元自治体ほかと私鉄の共同出資による第三セクターが建設したもの。

よって、東京での地下鉄の相互直通相手とはやや性格を異にしている。首都圏では東葉高速鉄道と埼玉高速鉄道がこれに近いケースといえるが、両社は沿線自治体と（帝都高速度交通営団→）東京メトロ（東京地下鉄株式会社）が主要株主だから、先述の関西の2路線とは少々違う。

所変わって京都では、京都市営地下鉄のすべての路線で郊外私鉄路線との直通運転が行われている。もっとも、すべて

の路線といっても、烏丸線と東西線の2路線しかなく、直通相手も前者は近畿日本鉄道（京都線・奈良線）、後者は京阪電気鉄道（京津線）の2社だけだ（近鉄とは相互直通運転の間柄だが、京阪については同社側からの一方的な直通運転〔片直通運転〕）。東京の規模と比べれば、ものの数ではない。

海外の相互直通事情

海外はどうなのだろうか。大都市での地下鉄と郊外鉄道線との相互直通運転の事例は多少はありそうなものだが、あまり聞いたことがない。大韓民国のソウル特別市とその周辺（首都圏）では、ソウル交通公社の地下鉄路線（1・3・4号線）と、韓国鉄道公社（KORAIL）の電鉄路線が相互直通運転を行っているが、それ以外の例は寡聞にして知らない（電鉄路線とは京元本線や京釜本線の一部をさす呼称で、地下鉄路線とともに首都圏電鉄の一部を構成している）。

そもそも欧米では、都市部の地下鉄路線と郊外の鉄道路線とでは、その規格があまりにも違いすぎるケースが大半で、東京のような相互直通運転は行いづらいし、また、行うような需要自体も存在しないのかもしれない。

こうしてみると、地下鉄と郊外鉄道との相互直通運転は、日本なかんずく東京首都圏の特異な都市鉄道整備の手段にして文化といえないか。東京名物はいろいろあるが、地下鉄の相互直通運転もまたそのひとつというわけだ。

不可思議な直通運転!?

本書は、こうした地下鉄と郊外鉄道の

地下鉄と近鉄の境界、竹田駅で顔を合わせる京都市交通局と近畿日本鉄道の車両

相互直通運転の実態をつまびらかにし、それに対する見所、面白みをあぶり出して、趣味的に楽しめそうな点を探っていくために編集されている。

こう言うと、相互直通運転とはそんなに面白いものなのか、と訝しく思われる方も当然おられよう。が、これが知れば知るほどに面白く、奥が深い。一見不可思議な現象も少なからずあるが、いずれも理由がある。本書を読み進んでいくうちにその複雑なからくりが解明され、じつに爽快きわまりない気分となられることを、ここにお約束する。

不可思議な現象とはどんなものか。さっそく一例を挙げてみよう。

もしもあなたが、2023年4月の平日17時30分に東京メトロ千代田線（北綾瀬〜綾瀬〜代々木上原間の路線）の新御茶ノ水駅ホームに立ち、やって来る列車を1時間ほど眺めていたとする。輸送障害によるダイヤ乱れや、あとで紹介する"代走"などがなければ、表序-2のような面々を目にするはずだ。

この顔ぶれを見ていて、なにか妙に思われることはないだろうか。そう、まず代々木上原方面だが、小田急線直通列車に使われているのは東京メトロかJR東日本の車両ばかりで、本筋ともいえる小田急の車両を用いる列車は、みな千代田線内完結の代々木上原行なのだ。小田急線に直通しない小田急車とはいかに。

反対側の綾瀬・北綾瀬方面についても、妙ちくりんな現象が確認できる。18時04分発と18時16分発の列車は、千代田線内完結でJR常磐線に直通しない北綾瀬行だが、JR東日本の車両が使われている。いったいどういうことなのか。

ただ、こんなことは東京の地下鉄では、さして珍しい現象ではない。東京メトロ

表序-2　東京メトロ千代田線・新御茶ノ水駅を通る列車の例（2023年4月の平日ダイヤ）

[代々木上原方面]

出発時刻	行き先	車両所属先
17:31	代々木上原行	東京メトロ
17:36	小田急小田原線直通：「準急」伊勢原行	東京メトロ
17:41	代々木上原行	東京メトロ
17:45	小田急小田原線直通：「準急」向ケ丘遊園行	東京メトロ
17:48	代々木上原行	小田急
17:52	代々木上原行	小田急
17:55	小田急小田原線直通：「準急」相模大野行	東京メトロ
17:59	代々木上原行	東京メトロ
18:03	小田急小田原線直通：「準急」向ケ丘遊園行	JR東日本
18:07	代々木上原行	東京メトロ
18:11	代々木上原行	東京メトロ
18:15	小田急小田原線直通：「準急」成城学園前行	JR東日本
18:19	代々木上原行	東京メトロ
18:23	小田急小田原線直通：「準急」向ケ丘遊園行	東京メトロ
18:30	代々木上原行	東京メトロ

[綾瀬・北綾瀬方面]

出発時刻	行き先	車両所属先
17:31	綾瀬行	東京メトロ
17:34	JR常磐線直通：柏行	JR東日本
17:38	JR常磐線直通：取手行	東京メトロ
17:41	北綾瀬行	小田急
17:44	JR常磐線直通：柏行	JR東日本
17:48	JR常磐線直通：取手行	小田急
17:51	JR常磐線直通：我孫子行	JR東日本
17:54	綾瀬行	東京メトロ
17:57	JR常磐線直通：取手行	JR東日本
18:00	JR常磐線直通：我孫子行	東京メトロ
18:04	北綾瀬行	JR東日本
18:07	JR常磐線直通：取手行	東京メトロ
18:10	JR常磐線直通：柏行	東京メトロ
18:13	JR常磐線直通：我孫子行	東京メトロ
18:16	北綾瀬行	JR東日本
18:19	JR常磐線直通：柏行	東京メトロ
18:22	JR常磐線直通：取手行	東京メトロ
18:25	綾瀬行	小田急
18:28	JR常磐線直通：我孫子行	東京メトロ

日比谷線でも、東武スカイツリーラインに直通しない北千住行の東武車はよく来

るし、同様に東京メトロ半蔵門線でも、地下鉄線内完結の押上行の東武車を頻繁に目にする。東京メトロ有楽町線・副都心線も同様で、東武東上線まで入らない和光市止まりの東武車をよく見かける。

東武鉄道がへそ曲がりというわけではない。東京メトロ有楽町線・副都心線では、西武線に直通しない西武車の和光市行なんぞもやって来る。東京メトロ日比谷線が東急東横線と相互直通運転を行っていた頃は、東横線に直通しない中目黒行の東急車なども珍しくはなかった。

相互直通を読み解く楽しみ

こういう一連の珍現象に遭遇して、もどかしく感じる方は多いと思うが、あらたまって駅員に聞くほどのことでもないので、わからずじまいで放置されているのではないだろうか。

わけがわかったからといって何か得するものでもないが、本書を読み進めてくだされば、きっと得心されることと思う。そして、東京の地下鉄の相互直通運転が繰り出すさまざまな珍現象が、楽しみにさえ感じられてくるはずだ。

たとえば、輸送障害時などに東京メトロ有楽町線の小竹向原～新木場間に東急車が走ってくるケースがごくまれにある。これなど奇妙な現象の代表格だが、視野を拡げれば、平時においてもこの種の楽しみは数多くある。

さきほどは、東京メトロ千代田線新御茶ノ水駅ホームでの例を挙げたが、今度は東京メトロ半蔵門線（押上～渋谷間）の大手町駅ホームの場合を見てみよう（表序-3）。日時は2023年4月のとある土曜か休日の昼12時00分から1時間ほど。

ダイヤの乱れや代走などがなければ、

表序-3　東京メトロ半蔵門線・大手町駅を通る列車の例（2023年4月の土曜・休日ダイヤ）

[渋谷方面]

出発時刻	行き先	車両所属先
12:01	東急田園都市線直通：「急行」中央林間行	東急
12:06	東急田園都市線直通：中央林間行	東武
12:11	東急田園都市線直通：「準急」中央林間行	東急
12:16	東急田園都市線直通：中央林間行	東急
12:21	東急田園都市線直通：「急行」中央林間行	東急
12:26	東急田園都市線直通：中央林間行	東武
12:31	東急田園都市線直通：「準急」中央林間行	東武
12:36	東急田園都市線直通：中央林間行	東京メトロ
12:41	東急田園都市線直通：「急行」中央林間行	東急
12:46	東急田園都市線直通：中央林間行	東武
12:51	東急田園都市線直通：「準急」中央林間行	東急
12:56	東急田園都市線直通：中央林間行	東武

[押上方面]

出発時刻	行き先	車両所属先
12:03	押上行	東急
12:08	東武スカイツリーライン直通：「急行」久喜行	東急
12:13	押上行	東急
12:18	東武スカイツリーライン直通：「急行」南栗橋行	東武
12:23	押上行	東急
12:28	東武スカイツリーライン直通：「急行」久喜行	東武
12:33	押上行	東急
12:38	東武スカイツリーライン直通：「急行」南栗橋行	東武
12:43	押上行	東武
12:48	東武スカイツリーライン直通：「急行」久喜行	東武
12:53	押上行	東急
12:58	東武スカイツリーライン直通：「急行」南栗橋行	東京メトロ

前頁に示した面々を見られるはずだ。ここでも"東武線に直通しない東武車"が見られるが、注目すべきは、この約1時間に東京メトロの車両を見る機会がいったい何度あるか、ということ。

そう、渋谷方面・押上方面ともにわずか1回のみ。東京メトロ半蔵門線とは、本家の影が実に薄い地下鉄路線なのだ。

こうした現象は、ほかの地下鉄路線でも大なり小なり見られるが、東京メトロ半蔵門線はそれが際立っている。同じく大手町駅を通る東京メトロ東西線などでは、逆に相互直通相手のJR東日本や東葉高速鉄道の車両のほうが影が薄く、本家の東京メトロの車両ばかりが来る。

相互直通を読み解くヒント

この半蔵門線と東西線の違いは、はたして何に由来するのか。もちろん、その答えも本書を熟読いただければ判明するが、ここで少しばかりヒントをお示ししておく。

東京メトロ半蔵門線押上〜渋谷間の営業キロは16.8キロ。対する相互直通区間の東急田園都市線渋谷〜中央林間間は

31.5キロ、東武線は東武スカイツリーライン押上〜東武動物公園間が39.9キロ、伊勢崎線東武動物公園〜久喜間が6.7キロ、日光線東武動物公園〜南栗橋間が10.4キロとなる。

一方、東京メトロ東西線中野〜西船橋間の営業キロは30.8キロ、対する相互直通区間の東葉高速線西船橋〜東葉勝田台間は16.2キロ、JR線は中央緩行線中野〜三鷹間が9.4キロ、総武緩行線西船橋〜津田沼間が6.1キロといった具合。

営業キロはともかく、このような地下鉄各線の「社局別の車両出現比率」や「時間帯別の出現車両」の偏りなどを調査してみるのも、けっこう楽しめる。

たとえば、東京メトロ半蔵門線の大手町駅では、土曜・休日の昼12時台前半は、押上方面行に東急車が立て続けに現れる、まさに"東急アワー"だが、反面、東京メトロ車には出会いにくい。押上方面行の場合、東京メトロ車の使用列車は12時58分発の前は11時48分発で、なんと本家が1時間以上にわたって姿を現さない。こういうことがわかるようになると、なかなか楽しいものだ。

ダービー終了時の京王電鉄府中競馬正門前駅で発車を待つ東府中行定期列車⑥と新宿行臨時列車（往年の風景）。どちらも京王線内運転の列車なのだが、東府中行のほうはなぜか東京都交通局の車両だ。こういった妙な現象が生じるわけも、本書を読み進めれば明らかになろう

往年の「都営1号線」（現・浅草線）に乗り入れた京成電鉄の車両。いかにも昔らしく方向板・種別板を掲げているが、東京の地下鉄でこのような行先表示法を行っていたのは、初期の銀座線くらいのものだ。都営地下鉄と京成の相互直通がいかに歴史を有しているかが実感できる一枚といえよう。この京成車も、京成線に直通しない西馬込〜泉岳寺間の地下鉄線内折り返し運転の列車によく使われていた

第 **1** 部

東京の地下鉄 相互直通運転概況

東武沿線を牧歌的景観から都会的景観に変貌させた革命的直通運転

東京メトロ（東京地下鉄）　🄷 日比谷線　北千住〜中目黒＝20.3キロ

［相互直通運転区間］
〈東武鉄道〉東武スカイツリーライン（伊勢崎線）：北千住〜東武動物公園（33.9キロ）／日光線：
　　東武動物公園〜南栗橋（10.4キロ）
［直通運転区間］（東武車による片直通）
〈東武鉄道〉伊勢崎線：東武動物公園〜久喜（6.7キロ）

　1962（昭和37）年に東武伊勢崎線との相互直通運転を開始した日比谷線は、浅草線と肩を並べる、地下鉄〜郊外鉄道間相直の老舗的存在だ。

　1964（昭和39）年には東急東横線とも相直の関係を結んだが、残念ながらこちらは2013（平成25）年に休止となった。一方、東武側との関係は、近年さらなる充実が図られ、座席指定制列車「THライナー」が運行されている。

　なお、伊勢崎線〜日比谷線〜東横線の３線をまたぐ直通列車はこれまで存在していない。つまり日比谷線絡みでは、東武と東急は無関係だった。

現在の日比谷線の主力は第３世代の東京メトロ13000系⒧と東武70000型

日比谷線の直通運転略年譜

年	月日	出来事
1961	3.28	南千住〜仲御徒町間開業
1962	5.31	北千住〜南千住間、仲御徒町〜人形町間開業、東武伊勢崎線北越谷まで相互直通運転開始
1963	2.28	人形町〜東銀座間開業
1964	3.25	霞ケ関〜恵比寿間開業
	7.22	恵比寿〜中目黒間開業
	8.29	東銀座〜霞ケ関間開業により全線開通、東急東横線日吉まで相互直通運転開始
1966	9.01	東武伊勢崎線への直通運転区間を北春日部まで延長
1981	3.16	東武伊勢崎線への直通運転区間を東武動物公園まで延長
1988	8. 9	東急東横線への直通運転区間を菊名まで延長
1991	11	東横線への直通運転区間を日中は日吉までに変更（ただし朝夕ラッシュ時のみ菊名まで直通運転、その後再び日中も菊名までとなる）
2004	4. 1	帝都高速度交通営団が民営化、東京地下鉄（東京メトロ）となる
2013	3.16	東急東横線・東京メトロ副都心線の相互直通運転開始に伴い、東横線との相互直通運転を休止。東武線への相互直通運転区間を日光線南栗橋まで延長
2020	6. 6	霞ケ関（南行は恵比寿まで）〜久喜間に座席指定制列車「THライナー」を運行開始

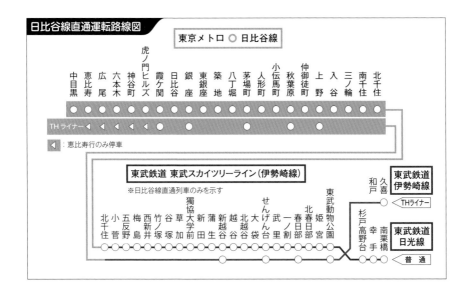

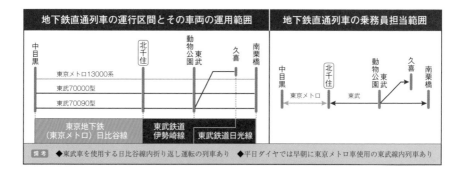

地下鉄直通列車の運行区間とその車両の運用範囲	地下鉄直通列車の乗務員担当範囲

◆備考 ◆東武車を使用する日比谷線内折り返し運転の列車あり ◆平日ダイヤでは早朝に東京メトロ車使用の東武線内列車あり

日比谷線で運用されている車両

東京メトロ13000系

ホームドア整備の都合により18m級3扉（一部5扉）を20m級4扉車に統一するため、第2世代の03系の代替車として増備した車両。全電動車編成だが、片軸操舵台車のため、モーター装着は1台車1軸で、実質的なMT比は1：1だ。

●諸元　車体：アルミ製／全長：20470mm（先頭車）、20000mm（中間車）／全幅：2780mm／制御方式：VVVFインバータ制御／主電動機出力：205kW／台車：モノリンク式片軸操舵空気ばね台車／製造初年：2016年

東武鉄道70000系70000型

日比谷線を20m級4扉車に統一するため、メトロ13000系と主要機器・設備を共通として登場した形式。前頭部デザインの細かな点などで相違点があるが、共通点も多く、製作は近畿車輌が両社から一括受注している。

東武鉄道70000系70090型

標準車の70000型に対し、70090型は「THライナー」用にロングシートとクロスシートに転換可能な「マルチシート」を装備する。前面と側面の黒帯の面積が大きくなっている。

●諸元　車体：アルミ製／全長：20470mm（先頭車）、20000mm（中間車）／全幅：2780mm／制御方式：VVVFインバータ制御／主電動機出力：205kW／台車：モノリンク式片軸操舵空気ばね台車／製造初年：2017年

中目黒駅の日比谷線折り返し線は、東急東横線の上下線に挟まれる格好で3本設置されている

かつて日比谷線に乗り入れていた東武20000系20000型㊦は第2世代の車両。現在、この系列は20400型に改造され、東武鉄道の日光線南栗橋以北、宇都宮線、鬼怒川線のローカル列車で活躍するほか、一部がアルピコ交通に譲渡され、上高地線を走っている

中目黒で同胞の東京メトロ10000系と顔を合わせた、かつての日比谷線の主力車03系㊦。同車は第2世代で、現在は一部が北陸鉄道、長野電鉄、熊本電気鉄道で活躍する。さらに2024年には、上毛電気鉄道でも運用を開始する予定

COLUMN　懐かしきかな東横線直通

　日比谷線は1964年8月から2013年3月までの半世紀、東急東横線とも相互直通運転を行っていた。運転区間は当初、北千住〜日吉間だったが、のちに菊名まで拡大されている。東武伊勢崎線にまで入る3事業者間の直通列車は存在しなかったため、日比谷線では東武と東急は無関係だった。

　日比谷線・東横線の相互直通運転休止は、東横線・東京メトロ副都心線の相互直通運転開始が主たる理由といえよう。複数の地下鉄路線との相互直通運転は、他社線ダイヤ乱れの影響を受けるリスクが高くなり、輸送障害時などの回復運転にも支障をきたす恐れが大きい。当時、

日比谷線車両は18m車のみだったことも影響したのかもしれない。また、東横線沿線から都心へ向かう人の流れが東急目黒線〜東京メトロ南北線・都営地下鉄三田線ルートへと移行していたことと、中目黒駅では日比谷線と東横線が同一ホームの対面乗り換えが可能ということが、直通運転休止を容易にしたものと思われる。

　日比谷線直通用の東急車は、はじめは7000系だったが、のちに1000系に置き換えられている。この1000系は現在、東急では池上線と東急多摩川線で見られるほか、福島交通、上田電鉄、伊賀鉄道、一畑電車といった地方私鉄でも元気に活躍している。

㊤かつて日比谷線を走っていた東急1000系

㊦中目黒で交代する東京メトロと東急の乗務員。懐かしい光景で03系は菊名行

国鉄総武線の殺人的ラッシュを救済した千葉"都民"絶賛の直通運転

東京メトロ（東京地下鉄）　Ⓣ 東西線　　中野〜西船橋＝30.8キロ

[相互直通運転区間]
〈JR東日本（東日本旅客鉄道）〉中央線〔中央緩行線〕（中央本線）：中野〜三鷹（9.4キロ）／総
　　武線〔総武緩行線〕（総武本線）：西船橋〜津田沼（6.1キロ）
〈東葉高速鉄道〉東葉高速線：西船橋〜東葉勝田台（16.2キロ）

　1960年代、国鉄（現・JR東日本）の中央線と総武線は、通勤時間帯の混雑がひどく、とくに後者の混雑は殺人的ともいえるほどだった。この混雑緩和のため、両路線のバイパス路線として建設されたのが東西線で、両端で国鉄との相互直通運転を行うという、まさに画期的な地下鉄路線だった。

　現在はJR東日本の中央線、総武線に加え、第三セクターの東葉高速鉄道とも相直の関係を結んでいる。ただし、JR中央線〜東西線〜東葉高速線の3社またがりの直通列車は東京メトロ車による運用のみで、JR東日本車が東葉高速線に入ったり、東葉高速車がJR線に入ったりする運用はない。

東西線はJR中央線・総武線および東葉高速線と相互直通運転を行うが、距離的に見るとその規模は大きくはない

東西線の直通運転略年譜

年	月日	出　来　事
1964	12.23	高田馬場〜九段下間開業
1966	3.16	中野〜高田馬場間、九段下〜竹橋間 開業
	4.28	国鉄中央本線荻窪まで直通運転を開始（営団車による片直通）
	10. 1	竹橋〜大手町間開業、国鉄との相互直通運転開始
1967	9.14	大手町〜東陽町間開業
1969	3.29	東陽町〜西船橋間開業により全線開通
	4. 8	中央本線への直通区間を三鷹まで延長、国鉄総武本線津田沼まで直通開始（営団車による片直通）
1972	4. 8	国鉄総武本線津田沼まで相互直通運転開始（朝夕ラッシュ時のみ）
1996	4.27	東葉高速鉄道東葉高速線（西船橋〜東葉勝田台間）の開業に伴い、相互直通運転開始
2004	4. 1	帝都高速度交通営団が民営化、東京地下鉄（東京メトロ）となる

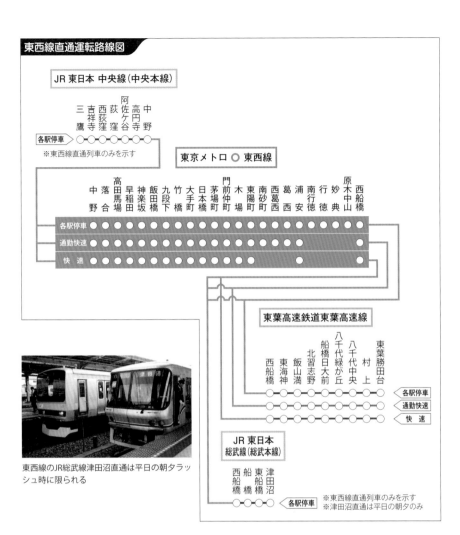

東西線直通運転路線図

JR 東日本 中央線（中央本線）

三鷹　吉祥寺　西荻窪　荻窪　阿佐ケ谷　佐々木　高円寺　中野

各駅停車 ○○○○○○○
※東西線直通列車のみを示す

東京メトロ ○ 東西線

中野　落合　高田馬場　早稲田　神楽坂　飯田橋　九段下　竹橋　大手町　日本橋　茅場町　門前仲町　木場　東陽町　南砂町　西葛西　葛西　浦安　南行徳　行徳　妙典　原木中山　西船橋

各駅停車 ●●●●●●●●●●●●●●●●●●●●●●●
通勤快速 ●●●●●●●●●●●●●●●●●●●●　　●●
快速 ●●●●●●●●●●●●　●　　　　　　　●●

東葉高速鉄道東葉高速線

西船橋　東海神　飯山満　北習志野　船橋日大前　八千代緑が丘　八千代中央　村上　八千代台　東葉勝田台

各駅停車 ○○○○○○○○○○
通勤快速 ○○○　○　　○○○○
快速 ○○○　○　　　○○○

JR 東日本 総武線（総武本線）

西船橋　船橋　東船橋　津田沼

各駅停車 ○○○○
※東西線直通列車のみを示す
※津田沼直通は平日の朝夕のみ

東西線のJR総武線津田沼直通は平日の朝夕ラッシュ時に限られる

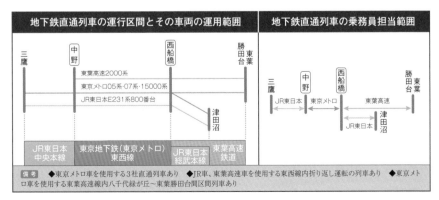

地下鉄直通列車の運行区間とその車両の運用範囲

三鷹　中野　西船橋　勝田台　東葉

東葉高速2000系
東京メトロ05系・07系・15000系
JR東日本E231系800番台
津田沼

JR東日本中央本線　東京地下鉄（東京メトロ）東西線　JR東日本総武本線　東葉高速鉄道

地下鉄直通列車の乗務員担当範囲

三鷹　中野　西船橋　勝田台　東葉

JR東日本　東京メトロ　東葉高速
津田沼
JR東日本

備考　◆東京メトロ車を使用する3社直通列車あり　◆JR車、東葉高速車を使用する東西線内折り返し運転の列車あり　◆東京メトロ車を使用する東葉高速線内八千代緑が丘～東葉勝田台間区間列車あり

東京メトロ05系ワイドドア車

東京メトロ05系（後期型）

東京メトロ05系（後期型アルミ・リサイクルカー）

東京メトロ05系（05N系前期型）

東京メトロ05系（05N系後期型）

東京メトロ05系（05N系最後期型）

新型車による輸送力増強が計画され、05系が開発された。その後、東西線開業時からの5000系置換用としても増備され、マイナーチェンジを繰り返しながら断続的に17年間新製が行われた。まず、混雑対応のため、1991～92年に新製された14～18編成は、側扉を1800mm幅にしたワイドドア車となった。19編成からはVVVFインバータ制御となり、側扉幅は通常サイズに戻った。なお、ワイドドア車はのちにVVVFインバータ制御化されている。

1999年、5年ぶりに増備された05系は、前面デザインや車内、運転台でさまざまな変更が行われたため、05N系と呼ぶことも多い。34編成からは、前照灯がHIDとなり、側扉間の窓が1枚から2枚になった。

●諸元　車体：アルミ製／全長：20270mm（先頭車）、20000mm（中間車）／全幅：2850mm／制御方式：VVVFインバータ制御／主電動機出力：205kW／台車：ES形ミンデンボルスタレス空気ばね台車（14編成）、SU形ミンデンボルスタレス空気ばね台車（ワイドドア車）、モノリンク式ボルスタレス空気ばね台車（後期型、05N系）／製造初年：1991年

東京メトロ07系

本来は有楽町線用で、同線の輸送力増強用に新製されたが、副都心線開業時のホームドア整備で他形式と扉位置が合わなかったため、東西線用に改造のうえ、転属した。

●諸元　車体：アルミ製／全長：20070mm（先頭車）、20000mm（中間車）／全幅：2865mm（先頭車）、2850mm（中間車）／制御方式：VVVFインバータ制御／主電動機出力：205kW／台車：モノリンク式ボルスタレス空気ばね台車／製造初年：1993年

東京メトロ15000系

高調波分巻チョッパ制御の05系初期車が更新時期を迎え、ラッシュ対策を兼ねてVVVFインバータ制御のワイドドア車で置換するため登場した形式。05系ワイドドア車の先頭車では運転台後位側の扉幅は1300mmだったが、15000系では全扉が1800mm幅となった。

●諸元　車体：アルミ製／全長：20520mm（先頭車）、20000mm（中間車）／全幅：2850mm／制御方式：VVVFインバータ制御／主電動機出力：225kW／台車：モノリンク式空インバータ気ばね台車／製造初年：2010年

JR東日本E231系800番台

国鉄301系、103系1200番台置換用に登場。東西線の車両限界がJR線より小さいため、標準タイプより全幅が狭く車体裾部の絞り込みがない。前頭部にスイングプラグ式非常扉を備える。

●諸元　車体：ステンレス製／全長：20000mm／全幅：2800mm／制御方式：VVVFインバータ制御／主電動機出力：95kW／台車：軸梁式ボルスタレス空気ばね台車／製造初年：2003年

東葉高速鉄道2000系

東西線ATC装置の更新に合わせ、1000系（元営団5000系）を置換するために登場。基本設計は05N系と同一だが、内外装のデザインが異なる。帯色の赤白橙は、サンライズ・デイタイム・サンセットをイメージしたもの。

●諸元　車体：アルミ製／全長：20270mm（先頭車）、20000mm（中間車）／全幅：2850mm／制御方式：VVVFインバータ制御／主電動機出力：165kW／台車：モノリンク式ボルスタレス空気ばね台車／製造初年：2004年

COLUMN　帯色の使い方にも気を遣う

　東西線のラインカラーは水色だが、乗り入れ車両の国鉄301系は当初、中央・総武緩行線のラインカラーである黄色の帯を巻いていた。だが、JR化以降、中央・総武緩行線に黄色帯の205系が投入されると、東西線直通と判別がつきにくくなり、301系を水色帯に変更、後継のE231系800番台にも引き継がれた。

往年の東西線で主力車両だった営団5000系㊧と国鉄301系

東京メトロ（東京地下鉄）Ⓒ **千代田線** 綾瀬〜代々木上原＝21.9キロ
綾瀬〜北綾瀬＝2.1キロ

［相互直通運転区間］
〈JR東日本（東日本旅客鉄道）〉常磐線〔常磐緩行線〕：綾瀬〜取手（29.7キロ）
〈小田急電鉄〉小田原線：代々木上原〜伊勢原（48.7キロ）
［直通運転区間（小田急車による片直通）］
〈小田急電鉄〉小田原線：伊勢原〜小田原（30.3キロ）／江ノ島線：相模大野〜片瀬江ノ島（27.6キロ）
〈箱根登山鉄道〉鉄道線：小田原〜箱根湯本（6.1キロ）

　JR常磐線（緩行線）および小田急線と相互直通運転を行う千代田線。国鉄対営団の時代にさかのぼる常磐線と千代田線の相直は、"迷惑乗り入れ"という声は出たものの、前者の複々線化完成とセットで開始されたことから、昼間でも直通列車毎時片道5本という充実ぶりでスタートした。両線はまさに一体だ。

　一方の小田急側だが、諸般の事情もあって当初は平日のみの相直実施で、1日当たり直通列車14往復という慎ましい出発だった。しかし、小田急線複々線化完成も手伝い、今は土曜・休日も含め直通列車の本数は充実した設定となり、座席指定制の特急ロマンスカーまで直通している。

　なお、常磐線〜千代田線〜小田急線の3社間またがりの直通列車は、かつてはメトロ車限定だったが、最近は、JR東日本車と小田急車も戦列に加わっている。つまり、JR東日本と小田急電鉄のあいだでも相直の関係が新たに結ばれたということだ。

小田急線の向ケ丘遊園駅で折り返し待機中の新宿行小田急3000形（地上専用車）の横をかすめ通る、JR常磐線直通柏行の東京メトロ16000系

千代田線直通運転路線図

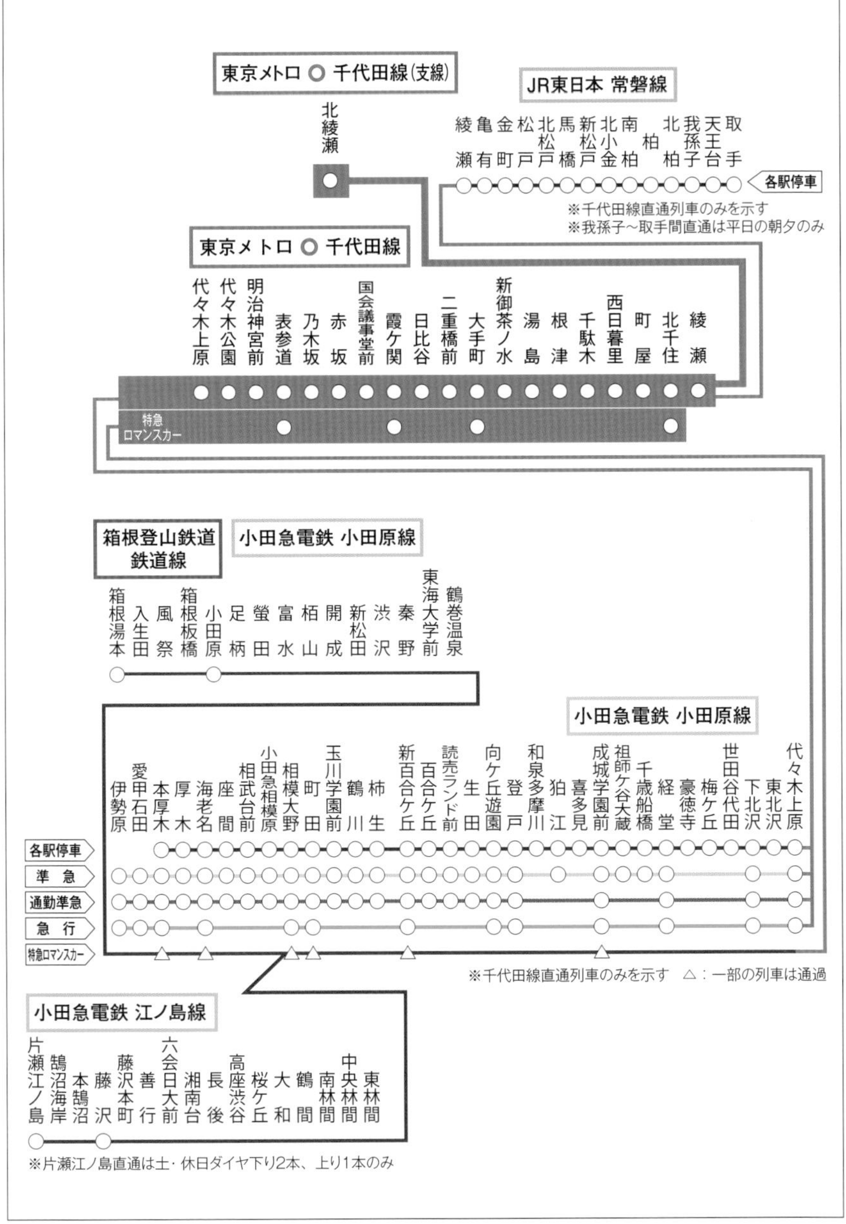

東京メトロ 千代田線(支線)
北綾瀬
JR東日本 常磐線
綾瀬 亀有 金町 松戸 北松戸 馬橋 新松戸 北小金 南柏 柏 北柏 我孫子 天王台 取手
各駅停車
※千代田線直通列車のみを示す
※我孫子～取手間直通は平日の朝夕のみ
東京メトロ 千代田線
代々木上原 代々木公園 明治神宮前 表参道 乃木坂 赤坂 国会議事堂前 霞ケ関 日比谷 二重橋前 大手町 新御茶ノ水 湯島 根津 千駄木 西日暮里 町屋 北千住 綾瀬
特急ロマンスカー
箱根登山鉄道 鉄道線
小田急電鉄 小田原線
箱根湯本 入生田 風祭 箱根板橋 小田原 足柄 螢田 富水 栢山 開成 新松田 渋沢 秦野 東海大学前 鶴巻温泉
小田急電鉄 小田原線
伊勢原 愛甲石田 本厚木 厚木 海老名 座間 相武台前 小田急相模原 相模大野 町田 玉川学園前 鶴川 柿生 新百合ケ丘 百合ケ丘 読売ランド前 生田 向ケ丘遊園 登戸 和泉多摩川 狛江 喜多見 成城学園前 祖師ケ谷大蔵 千歳船橋 経堂 豪徳寺 梅ケ丘 世田谷代田 下北沢 東北沢 代々木上原
各駅停車
準急
通勤準急
急行
特急ロマンスカー
※千代田線直通列車のみを示す △：一部の列車は通過
小田急電鉄 江ノ島線
片瀬江ノ島 鵠沼海岸 本鵠沼 藤沢 藤沢本町 善行 六会日大前 湘南台 長後 高座渋谷 桜ケ丘 大和 鶴間 南林間 中央林間 東林間
※片瀬江ノ島直通は土・休日ダイヤ下り2本、上り1本のみ

かつては小田急多摩線にも千代田線直通列車が設定
されていた。左上は東京メトロ16000系、右上は小田
急4000形、右下はJR東日本E233系2000番台。4000形
はE233系2000番台をベースとして設計されたため、
両者はスタイルがよく似ている

千代田線の直通運転略年譜

年	月日	出　来　事
1969	12.20	北千住～大手町間開業
1971	3.20	大手町～霞ケ関間開業
	4.20	綾瀬～北千住間開業、国鉄常磐線我孫子まで相互直通運転開始（綾瀬～北千住間の緩行線は営団の経営となったが、運賃計算上は国鉄線でもあり営団線でもあるという特例区間とされた）
1972	10.20	霞ケ関～代々木公園間開業
1978	3.31	代々木公園～代々木上原間開業により全線開通、小田急小田原線本厚木まで相互直通運転開始（平日朝夕のみ）
1979	12.20	綾瀬～北綾瀬間の支線開業
1982	11.15	国鉄常磐線への直通区間を朝夕ラッシュ時のみ取手まで延長
1991	3.16	小田急線との相互直通運転を休日にも実施
2002	3.23	小田急線の相互直通区間を多摩線唐木田まで拡大
2003	3.29	小田急小田原線相模大野・本厚木方面への営団車の運用がなくなる
2004	4. 1	帝都高速度交通営団が民営化、東京地下鉄（東京メトロ）となる
2008	3.15	小田急ロマンスカーの千代田線直通開始
2016	3.26	JR東日本車の小田急線直通、小田急車のJR常磐線直通開始。小田原線本厚木方面への東京メトロ車、JR東日本車の運用もはじまる
2018	3.17	小田急線の相互直通区間から多摩線が外れ、小田原線は伊勢原まで拡大
2019	3.16	千代田線の支線、綾瀬～北綾瀬間に小田急線直通列車を設定
2021	3.13	常磐線我孫子～取手間直通が平日のみとなる

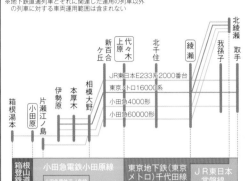

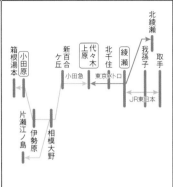

| 地下鉄直通列車の運行区間とその車両の運用範囲 | 地下鉄直通列車の乗務員担当範囲 |

※地下鉄直通列車とそれに関連した運用の列車以外の列車に対する車両運用範囲は含まれない

左図の駅名：箱根湯本／小田原／片瀬江ノ島／伊勢原／本厚木／相模大野／新百合ケ丘／代々木上原／北千住／綾瀬／北綾瀬／我孫子／取手

JR東日本E233系2000番台
東京メトロ16000系
小田急4000形
小田急60000形

| 箱根登山鉄道 | 小田急電鉄小田原線 （小田急電鉄江ノ島線） | 東京地下鉄（東京メトロ）千代田線 | JR東日本常磐線 |

右図の駅名：箱根湯本／小田原／片瀬江ノ島／伊勢原／本厚木／相模大野／新百合ケ丘／代々木上原／北千住／綾瀬／北綾瀬／我孫子／取手
小田急／東京メトロ／JR東日本

備考　◆東京メトロ車、JR東日本車、小田急車を使用する3社直通列車が多数ある　折り返し運転の列車あり　◆東京メトロ車、小田急車を使用する常磐線内列車あり　間は回送列車のみ　◆JR東日本車、小田急車を使用する千代田線内折り返し運転の列車あり　◆小田急60000形の運用のうち北千住〜北綾瀬

千代田線で運用されている車両

東京メトロ16000系初期車

東京メトロ16000系中期車

東京メトロ16000系後期車

千代田線第1世代の6000系と置き換えるため、10000系をベースに設計された。初期車は非常扉が前頭部中央にあったが、中期車以降は車掌台側にシフトし、左右非対称デザインとなった。後期車は前照灯が2灯から4灯になり、尾灯の位置が変更された。

東京メトロ05系

●諸元　車体：アルミ製／全長：20470mm（先頭車）、20000mm（中間車）／全幅：2848mm／制御方式：VVVFインバータ制御／主電動機出力：205kW／台車：モノリンク式空気ばね台車／製造初年：2010年

千代田線の東京メトロ車は16000系以外に支線専用の05系があるが、他社直通列車には用いられないので、説明は省略する（24頁参照）。

JR東日本E233系2000番台

JR常磐緩行線～千代田線で使用されていた203系の置換用に登場。千代田線の車両限界に合わせ、E233系標準タイプより全幅が狭い。前頭部は209系1000番台（31頁コラム参照）と似ているが、行先表示装置が大型化され、前照灯類のケーシング形状が変更されている。

●諸元　車体：ステンレス製／全長：20150mm（先頭車）、20000mm（中間車）／全幅：2770mm／制御方式：VVVFインバータ制御／主電動機出力：140kW／台車：軸梁式ボルスタレス空気ばね台車／製造初年：2009年

COLUMN "迷惑乗り入れ" の真相

　1971年4月の国鉄常磐線・営団地下鉄千代田線相互直通運転開始の際、常磐線沿線の住民から"迷惑乗り入れ"の声があがった。

　綾瀬、亀有、金町、北松戸、馬橋、北小金、南柏、柏の各駅利用者はそれまで、日暮里または上野で乗り換えれば山手線方面に行けたが、直通開始後は国鉄線のみ利用の場合、新たに松戸か北千住での乗り換えが生じることとなった（綾瀬～北千住間は営団線だが、国鉄線とみなす旅客営業上の特例が設けられた）。両駅ともに各駅停車と快速の乗り換えはホームが変わるため、階段の昇り降りが必要だった。西日暮里乗り換えという手もあるが、そのルートではめっぽう出費がかさむ。

　直通開始後、国鉄当局は西日暮里ルートに人が流れると算段し、快速列車の編成も8両に減らしていた。しかし実際には、朝のラッシュ時に松戸、北千住に乗り換え客が殺到して快速が大混雑し、臨時列車を出すほどの騒動となった。

　さらに困ったことに、営団労組が直通開始直後にストライキに突入。国鉄は営団当局に綾瀬～北千住間だけでも運行するよう要請したが、交渉は実らず、常磐線各駅停車の列車は綾瀬折り返し運転を余儀なくされる。綾瀬、亀有、金町の利用者は松戸でUターンして都心へ向かうはめとなったため、松戸駅は乗り換え客で溢れかえった。まさに"迷惑乗り入れ"だったのだ。

千代田線・常磐線 "迷惑乗り入れ" 概念図

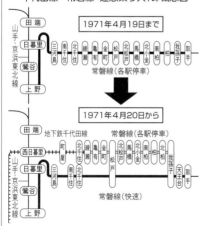

千代田線乗り入れ用として国鉄が用意した103系1000番台は、抵抗制御車ゆえに地下線内での排熱による温度上昇と電力消費量が営団6000系に比べて大きいことがのちに大きな問題となり、早々に同線から消える

小田急電鉄4000形

1000形に代わる千代田線直通運転用車両として登場。JR東日本E233系をベースとする軽量ステンレス車体を採用した。当初は常磐線直通に未対応だったが、現在は乗り入れる。

●諸元　車体：車体／全長：20150mm（先頭車）、20000mm（中間車）／全幅：2790mm／制御方式：VVVFインバータ制御／主電動機出力：190kW／台車：軸梁式ボルスタレス空気ばね台車／製造初年：2007年

小田急電鉄60000形（MSE）

「MSE」という愛称を持つ60000形は、日本初の地下鉄直通有料特急用車両。小田原方連結の基本編成6連と北千住方連結の付属編成4連があり、貫通型先頭車同士を連結することで、2編成併結運転が可能となる。なお、貫通型先頭車の反対側先頭車は非常扉を備えた流線型先頭車だ。

●諸元　車体：アルミ製／全長：20220mm（先頭車）、20000mm（中間車）／全幅：2850mm／制御方式：VVVFインバータ制御／主電動機出力：190kW／台車：円筒積層ゴムタンデム式ボルスタレス空気ばね台車／製造初年：2007年

COLUMN　代替わりが激しかった千代田線走行車両

　過去に千代田線を走った車両は意外に多い。メンバーは次のとおり（〔抵〕：抵抗制御、〔電〕：電機子チョッパ制御、〔界〕：界磁チョッパ制御、〔V〕：VVVFインバータ制御）。営団〜東京メトロ＝5000系（〔抵〕1969〜2014）、6000系（〔電〕1971〜2016、写真下段左）、06系（〔V〕1993〜2015）。国鉄〜JR東日本＝103系1000番台（〔抵〕1971〜1986、写真30頁）、203系（〔電〕1982〜2011、写真上段左）、207系900番台（〔V〕1986〜2009）、209系1000番台（〔V〕1999〜2018、写真上段右）。小田急＝9000形（〔界〕1978〜1990、写真下段右）、1000形（〔V〕1989〜2010、写真下段中）。

埼玉県と神奈川県東部を直結する、6社が絡んだ首都圏最大規模の直通運転

東京メトロ（東京地下鉄）

Ⓨ 有楽町線 和光市〜新木場＝28.3キロ

Ⓕ 副都心線 和光市〜渋谷＝20.2キロ

[**相互直通運転区間**（有楽町線・副都心線双方）]
〈東武鉄道〉東上線（東上本線）：和光市〜森林公園（40.1キロ）
〈西武鉄道〉西武有楽町線：小竹向原〜練馬（2.6キロ）／池袋線：練馬〜飯能（37.7キロ）／狭
　　山線（臨時運転に限る）：西所沢〜西武球場前（4.2キロ）
[**相互直通運転区間**（副都心線のみ）]
〈東急電鉄〉東横線：渋谷〜横浜（24.2キロ）
〈横浜高速鉄道〉みなとみらい線（みなとみらい21線）：横浜〜元町・中華街（4.1キロ）
[**直通運転区画**（副都心線のみ、東京メトロ車、東急車による片直通）]
〈東武鉄道〉東上線（東上本線）：森林公園〜小川町間（11.5キロ）
[**直通運転区間**（副都心線のみ、西武車による片直通）]
〈西武鉄道〉池袋線：飯能〜吾野（14.1キロ）／西武秩父線：吾野〜西武秩父（19.0キロ）
[**直通運転区間**（副都心線のみ、東急車、相鉄車による片直通）]
〈東急電鉄〉東急新横浜線：日吉〜新横浜（5.8キロ）
〈相模鉄道〉相鉄新横浜線：新横浜〜西谷（6.3キロ）／本線：西谷〜海老名（17.7キロ）／いず
　　みの線：二俣川〜湘南台（11.3キロ）

　有楽町線は東武東上線、西武有楽町線・池袋線と相互直通の関係を結ぶ。東上線と西武線は有楽町線の西側に連なる並行路線ゆえ、両者は無関係だ。副都心線は首都圏で最も複雑な直通運転を誇る。東上線、西武線のほか、東急東横線・新横浜線、その先に続く横浜高速みなとみらい線、相鉄新横浜線・本線・いずみ野線とも関係を結ぶ。東上線〜副都心線〜東急線〜みなとみらい線or相鉄線、西武線〜副都心線〜東急線〜みなとみらい線といった4社にまたがる直通列車が多数走るが、東武車と東京メトロ車は相鉄線には入らず、相鉄車も東上線に入らないなど、車両運用に制約が多い。

東武東上線・有楽町線・副都心線の和光市駅で並ぶ東京メトロ10000系左と相模鉄道20000系。後者は今のところ、東上線には入線しない

和光市駅で並ぶ東急5050系㊧と東京メトロ10000系。有楽町線・副都心線用の東京メトロ所属車両は10000系と17000系があり、10000系がすべて10両編成なのに対し、17000系は10両編成と8両編成がある。後者は東急東横線の「各駅停車」列車がホーム長の関係から8両編成限定となるための用意で、有楽町線には運用されない。東横線に関わる上記理由から、東急の5050系にも10両編成（4000番台）と8両編成が存在する。なお、東京メトロ17000系8両編成は予備車が少ないため、必要に応じて10000系の一部編成が8両化され代走となる

副都心線・東急東横線の渋谷駅で並ぶ横浜高速Y500系㊧と東急5000系。両車は共通設計で外観もそっくりだ。なお、Y500系と東横線配置の5000系はすべてが8両編成

東急東横線の多摩川駅付近を行く西武40000系㊨。ここは目黒線との並走区間（東横線の複々線区間）で、都営地下鉄三田線用6500形との出会いなども楽しめる

有楽町線・副都心線の直通運転略年譜

年	月日	出　来　事
1974	10.30	有楽町線池袋〜銀座一丁目間開業
1980	3.27	有楽町線銀座一丁目〜新富町間開業
1983	6.24	営団成増（現・地下鉄成増）〜池袋間開業
	10. 1	西武有楽町線小竹向原〜新桜台間開業に伴い、新桜台まで直通開始（営団車による片直通）
1987	8.25	有楽町線和光市〜営団成増（現・地下鉄成増）開業、東武東上線森林公園まで相互直通運転開始（当初、営団車は川越市まで）
1988	6. 8	有楽町線新富町〜新木場間開業により全線開通
1994	12. 7	有楽町線新線（現・副都心線）小竹向原〜新線池袋（現・池袋）間開業、および西武有楽町線新桜台〜練馬間の開業により、練馬まで相互直通運転開始
1998	3.26	西武有楽町線経由で池袋飯能までの相互直通運転開始
2004	4. 1	帝都高速度交通営団が民営化、東京地下鉄（東京メトロ）となる
2008	6.14	副都心線池袋〜渋谷間開業、有楽町線和光市〜小竹向原間は副都心線との共用区間となり、有楽町線新線は副都心線へ編入される（同時に副都心線と東武東上線、西武線との相互直通運転開始）
2013	3.16	副都心線が、東急東横線・横浜高速鉄道みなとみらい線との相互直通運転開始
2016	3.26	副都心線との直通列車が東武東上線内で急行運転を開始。同時に東京メトロ車、東急車の川越市〜森林公園間の運用がはじまる（東京メトロ車は運用復活）
2017	3.25	西武の座席指定制列車「S-TRAIN」が運転開始、副都心線に西武秩父発着の直通列車が土・休日ダイヤで設定される
2019	3.16	副都心線に東武東上線小川町発着の直通列車が土・休日ダイヤで設定される
2023	3.18	東急新横浜線、相鉄新横浜線開業に伴い、副都心線に相鉄直通列車が設定される

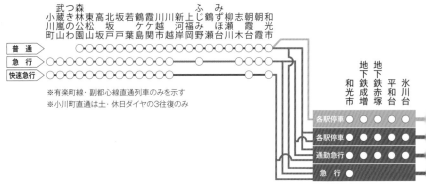

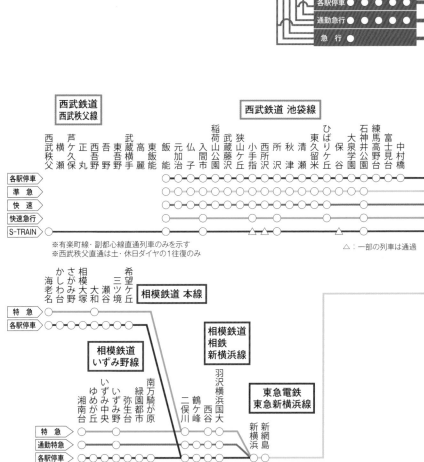

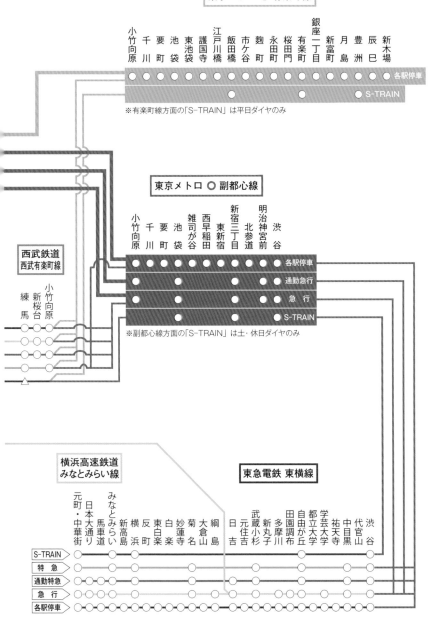

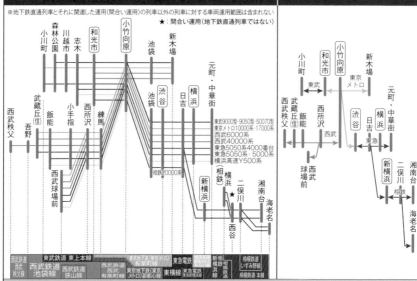

※地下鉄直通列車とそれに関連した運用（間合い運用）の列車以外の列車に対する車両運用範囲は含まれない

★：間合い運用（地下鉄直通列車ではない）

備考 ◆東京メトロ車、東武車、東急車を使用する東上線〜副都心線〜東急線〜みなとみらい線間の4社直通列車が多数ある ◆東急車を使用する東上線〜副都心線〜東急線〜相鉄線間の4社直通列車が多数ある ◆東京メトロ車、西武車、東急車、横浜高速車を使用する西武線〜副都心線〜東急線〜みなとみらい線間の4社直通列車が多数ある ◆東急車、相鉄を使用する副都心線〜東急線〜相鉄線間の3社直通列車が多数ある ◆東急車の一部（5050系・5000系）と横浜高速Y500系は共通運用 ◆東急車の一部（5050系・5000系）と横浜高速車の東上線和光市〜志木間への直通運用は平日ダイヤのみ ◆東急車の一部（5050系・5000系）と横浜高速車の西武線小手指〜飯能間への直通運用は土曜・休日ダイヤのみ ◆西武球場前〜西所沢間を走る直通系統の列車はベルーナドーム（西武ドーム）での野球試合開催時における臨時列車のみ ◆武蔵丘（信）〜飯能間の直通系統の列車は西武40000系使用車を除けば回送列車のみ ◆東武車・西武車を使用する有楽町線内および副都心線〜東急線〜みなとみらい線内運転の列車あり ◆東武車・西武車・東京メトロ車を使用する東急線〜みなとみらい線内運転の列車あり ◆東武車・西武車・東京メトロ車を使用する東横線内列車あり ◆東急車を使用する（相鉄）横浜〜西谷・湘南台・海老名間など相鉄線内列車あり（間合い運用）

東急の東横線と目黒線の並走区間（東横線の復々区間）で並ぶ東武9000型（左）、東京都交6300形（中）、東急5050系（右）。東武車と東急車が副都心線直通の列車で、東京都交車は目黒線〜三田線系統の直通列車

はるばる西武の飯能駅にやって来た東急5050系4000番台⑥。相互直通運転の遠大ぶりがわかる光景だ

和光市駅で並ぶ西武6000系（手前）と
東京メトロ10000系

有楽町線・副都心線で運用されている車両

東京メトロ10000系

副都心線開業に備えて登場した車両で、東京メトロ化後初の新形式車。前面の非常扉は中央にあり、営団5000系以来の左右対称デザインの前頭部になった。

●諸元　車体：アルミ製／全長：20470mm（先頭車）／20000mm（中間車）／全幅：2850mm／制御方式：VVVFインバータ制御／主電動機出力：165kW／台車：モノリンク式空気ばね台車／製造初年：2006年

東京メトロ17000系

有楽町線開業時以来の古豪7000系を置換するため投入された車両。7000系同様に10両編成と8両編成が用意されたが、後者は有楽町線での運用がない。車体はオールダブルスキン構造を採用し、軽量化と車体強度の両立を図っている。外観は同時期に製造された半蔵門線用18000系に酷似している。

●諸元　車体：アルミ製／全長：20470mm（先頭車）、20000mm（中間車）／全幅：2848mm／制御方式：VVVFインバータ制御／主電動機出力：205kW／台車：モノリンク式空気ばね台車／製造初年：2020年

東武鉄道9000系9000型

東武鉄道9000系9000型（9108編成）

東武鉄道9000系9050型

東武東上線と有楽町線の直通運転用として登場した東武初のステンレス車。

まずは1981年に試作車9101編成が落成した。続いて、1987年に量産車9102～9107編成が投入され、有楽町線の和光市延長開業と同時に直通運転を開始した。当時の製造技術を反映した車体構造で、腰板や幕板がコルゲート板というスタイル。ただし1991年に増備された9108編成では、ステンレス車体製造の進化を反映し、側板のコルゲート板はビード加工となり、よりスマートな外観になった。

1994年の小竹向原～新線池袋(現・副都心線池袋)間開業に伴うダイヤ改正用に増備された2編成は、9108編成に準じる車体だが、VVVFインバータ制御となったため9050型として形式が分けられた。

その後、副都心線直通車両の仕様が決定したので、9000型9102～9108編成と9050型は副都心線直通仕様に改造されたが、試作車9101編成は改造されなかったため、地下鉄直通運用には就かなくなり、2023年に廃車となった。

●諸元 車体：ステンレス製／全長：20000mm／全幅：2874mm／制御方式：電機子チョッパ制御（9000型）、VVVFインバータ制御（9050型）／主電動機出力：140kw（9000型）、150kw（9050型）／台車：S形ミンデン空気ばね台車（9000型）、SU形ミンデン空気ばね台車（9050型）／製造初年：1987年（9000型）、1994年（9050型）

東武鉄道50000系50070型

A-trainをベースとした東武50000系は通勤型としては同社初のアルミ車。50070型は副都心線・東急東横線等への直通用形式のため、それに対応した保安機器等を搭載、全長・全幅も微妙に異なる。

●諸元 車体：アルミ製／全長：20130mm（先頭車）、20000mm（中間車）／全幅：2876mm、2846mm（51076編成以降）／制御方式：VVVFインバータ制御／主電動機出力：165kW／台車：モノリンク式ボルスタレス空気ばね台車／製造初年：2007年

西武鉄道6000系（ステンレス車）

西武有楽町線・池袋線と有楽町線の直通運転用に製作されたステンレス車体のVVVFインバータ制御車。西武初の左右非対称前頭部と10両固定編成、同社量産車では山口線8500系に次ぐVVVFインバータ制御、さらに今のところ同社唯一のステンレス車という特徴がある。

1992年に先行試作車2編成が登場、池袋線で営業運転を開始したが、現在は新宿線に転属し、地下鉄直通運転は行っていない。

93年より量産車の製作が始まったが、有楽町線への直通運転開始時に同線用ATCを装備していたのは同年製造の4編成のみだった。

西武鉄道6000系（6050番台アルミ車）

98年の本格的直通運転開始に合わせATC搭載が進んだが、6003〜6007編成は2006年より施工された副都心線直通対応工事終了まで地上線専用だった。

96年の増備車よりグレーに塗装したアルミ車体となり、車番を6051〜として区分された。前頭部は、ステンレス車では一体成形のFRPを使用していたが、アルミ車ではアルミ部材の加工となった。

また、ステンレス車では戸袋窓が設けられているが、6056〜58編成は軽量化のため製造時から戸袋窓は廃止され、6051〜55編成は戸袋窓の車内側を封鎖している。

西武鉄道6000系（6050番台アルミ車後期型）

●諸元　車体：ステンレス製、アルミ製（6050番台）／全長：20000mm／全幅：2871mm／制御方式：VVVFインバータ制御／主電動機出力：155kW／台車：積層ゴム式ボルスタレス空気ばね台車、モノリンク式ボルスタレス空気ばね台車（6050番台アルミ車後期型）／製造初年：1992年

西武鉄道40000系

西武有楽町線・池袋線と有楽町線・副都心線・東急東横線・みなとみらい線を結ぶ有料座席指定列車を運転するために登場。シート形態を切換可能なデュアルシートを装備する。現在はロングシート固定の50番台も登場している。

●諸元　車体：アルミ製／全長：20270mm（先頭車）、20000mm（中間車）／全幅：2808mm／制御方式：VVVFインバータ制御／主電動機出力：190kW／台車：モノリンク式ボルスタレス空気ばね台車／製造初年：2017年

ただし、東急5050系4000番台は輸送障害発生によるダイヤ乱れなどの際に稀に有楽町線に入る。また相鉄20000系についてもその可能性はある。

東急電鉄5000系

東急電鉄5050系

東急電鉄5050系4000番台

東急電鉄5050系4000番台（4110編成）「Shibuya Hikarie号」

5000系シリーズは、車両設計・製造技術の進化で、リニューアルによる延命よりも、新製車での置き換えのほうが、トータルでのコストダウンが実現できると考えた東京急行電鉄（現・東急電鉄）が開発した新型車。JR東日本と東急車輌（当時）が共同開発したE231系をベースに設計され、新たな東急の標準タイプとして登場した。

部品の共通化を図るなどのほか、側面を台枠上面でわずかに内側に傾斜させ、床面積を維持しつつ、車体結合の作業性を向上させた車体断面とするなど、製造コストにもこだわった設計だ。FRP成形品で構成された先頭部のデザインは、非常扉をシフトさせ運転台前面窓を拡大した左右非対称となっている。

2002年に登場した5000系は、田園都市線用の10両編成を原則とするが、8両編成化した上で副都心線・西武線・東武東上線乗入れ対応とした4編成が東横線に配置されている。東横線用5050系は、先頭車の車体長が5000系より100mm長い20200mm、車体幅は20mm広い2798mmだ。8両編成が基本で、10両編成は車番が4000番台となっている。

なお、配置線区により側窓上部の帯色が異なる。また、4000番台の一部編成にはデュアルシートを備えた「Qシート」車両2両を組み込んでいる。4000番台4110編成については、渋谷ヒカリエ開業1周年記念特別列車「Shibuya Hikarie号」とされる。この4110編成は、車体幅が5000系と同じ2778mm。

●諸元 車体：ステンレス製／全長：20100mm（先頭車。5050系は20200mm）、20000mm（中間車）／全幅：2778mm、2798mm（5050系）／制御方式：VVVFインバータ制御／主電動機出力：190kW／台車：軸梁式ボルスタレス空気ばね台車／製造初年：2002年

横浜高速鉄道Y500系

東急5000系をベースに設計された車両で、塗装を除けば相違点は少ない。また、Y517編成は、事故廃車の代替として東急から譲渡された元5050系。すべて8両編成。

●諸元　車体：アルミ製／全長：20470㎜（先頭車）、20000㎜（中間車）／全幅：2787㎜／制御方式：VVVFインバータ制御／主電動機出力：190kW／台車：ボルスタレスモノリンク式空気ばね台車／製造初年：2018年

相模鉄道20000系

東急東横線直通用に開発された10両編成の車両。ダブルスキン構造のアルミ車体ながら「YOKO-HAMA NAVYBLUE」の塗装を施している点が外観上の大いなる特徴。近年の相鉄車両は全幅2950㎜前後が主流だったが、東急線や地下鉄各線の狭い車両限界に対応して全幅2787㎜としている。正面から見ると相鉄らしからぬ細身の印象がある。

●諸元　車体：アルミ製／全長：20470㎜（先頭車）、20000㎜（中間車）／全幅：2787㎜／制御方式：VVVFインバータ制御／主電動機出力：190kW／台車：ボルスタレスモノリンク式空気ばね台車／製造初年：2018年

COLUMN　新木場に時折現れる東急5050系

　副都心線のように直通仲間が多い路線は、輸送障害時のダイヤ乱れが起こりやすく、その正常化もじつに難儀だ。ダイヤが乱れると、基本的にはダイヤがある程度回復するまで直通運転は中止される。有楽町線・副都心線絡みのダイヤ乱れでは、小竹向原～練馬間の「西武有楽町線」が運休になることもある。

　直通中止となれば、ある社局の車両が直通相手の路線内に取り残され、自社線にしばらく戻れないといった事態が起こるわけで、こういう場合、直通再開まで相手線内の列車として運用されることもある。このため、有楽町線・副都心線の輸送障害時、東京メトロ10000系が西武池袋線池袋駅に現れるといったことが起こる。

　ところで、有楽町線と東急東横線は相互直通の関係にない。が、たとえば副都心線や東横線で輸送障害が発生した場合など、10両編成の東急5050系4000番台が有楽町線の新木場行に

運用されるといったイレギュラーが起こりうる。有楽町線と副都心線の東京メトロ乗務員が共通だからこそ可能な荒技だが、相模鉄道が副都心線の直通仲間に加わった今、相鉄20000系が新木場に現れたとしても決しておかしくはない。

有楽町線の新富町駅に停車中の「25S」運行代走の東急車「新木場」行

COLUMN　人生半ば（？）で帯色を大胆に変えた有楽町線生え抜きの7000系

　有楽町線のラインカラーは「ゴールド」（金色）。しかし、この色は表現が難しいためか、有楽町線開業時に用意された営団7000系は黄色（カラシ色）の帯を車体に巻いていた。これが西武の池袋線に乗り入れるようになった時、かつて西武鉄道では黄色い電車が多かったため、じつに違和感なく同線に溶け込んでいたことを思い出す。

　ラインカラーが「ブラウン」（茶色）の副都心線が開業する際、営団譲りの東京メトロ7000系は、有楽町線・副都心線共用化で黄・茶・白の3色を帯に配するようになった。ややブラウンが目立つ点は副都心線開業のご祝儀なのかもしれないが、やはり地下鉄2路線共通運用となる車両の場合、帯色の表現が難しいようだ。

　こうした経歴をもつ7000系も寄る年波には勝てず、2022年4月には定期運用を終えている。

黄色の帯を巻いて西武池袋線稲荷山公園駅に停車中の、若き日の営団7000系（左）

東武東上線に乗り入れた東京メトロ7000系（右）。左の東武30000系は東武スカイツリーラインから東京メトロ半蔵門線・東急田園都市線へと直通する車両だったが、現在は東上線に配置されて地上専用となり、地下鉄には入らない

東急東横線を行く東京メトロ7000系（右）。複々線区間で都営地下鉄三田線用6300形と並走する姿がよく見られた

夜の東急東横線菊名駅に集う他社の車両群。奥から東京メトロ7000系、西武6000系、横浜高速Y500系

COLUMN　車両を見るかぎりでは運営会社わからず

東京メトロ副都心線と相互直通運転を行う東急東横線は、本家の東急車のほか、東京メトロ車、東武車、西武車、横浜高速車、相鉄車といった面々が走っているため、首都圏でも有数の"車両を見る限りではどこの会社の線なのかさっぱりわからない"路線だ。さらに、この東横線の田園調布〜日吉間は複々線で、東急目黒線の列車も一緒に走っている（当該区間は旅客案内上、東横線と目黒線の並走区間となる）。

目黒線もクセ者で、都営地下鉄三田線、東京メトロ南北線、埼玉高速鉄道線、相鉄線と相互直通運転を行っている。このため田園調布〜日吉間では、東急車、東京メトロ車、東武車、西

東横線複々線区間における各社局車の競演

武車、横浜高速車、相鉄車に加え、東京都交車、埼玉高速車も戦列に加わるわけで、どこの会社の線なのか、本当にわからなくなる。

また、東横線は中目黒駅で東京メトロ日比谷線と接する。同駅の日比谷線の折り返し線は東横線の下り線と上り線に挟まれる格好で設けられている。つまり、折り返し待機中の日比谷線車両と東横線を走る各社の車両のお見合いも、日々繰り返されている。

日比谷線の相互直通相手は東武鉄道1社だが、南栗橋工場入出場回送および、そこでの検査後の試運転以外、東武線内では通常出会うことのない東武スカイツリーラインの車両と東武東上線の車両が毎日並ぶことになる。これまた東武ファンには堪えられない絵となろう。

中目黒で出会う東横線列車と日比谷線列車の車両の数々

東武対日比谷線ルートの混雑救済という使命まで課せられた直通運転

東京メトロ（東京地下鉄）Ⓩ半蔵門線　　渋谷〜押上：16.8キロ

［相互直通運転区間］
〈東武鉄道〉東武スカイツリーライン（伊勢崎線）：押上〜東武動物公園（39.9キロ）／伊勢崎
　　線：東武動物公園〜久喜（6.7キロ）／日光線：東武動物公園〜南栗橋（10.4キロ）
〈東急電鉄〉田園都市線：渋谷〜中央林間（31.5キロ）

　半蔵門線は東急新玉川線（現・田園都市線の渋谷〜二子玉川間）の都心側延長線的性格を色濃くして建設された。このため、東急田園都市線との相互直通運転では、まさに会社境界の存在を感じさせない一体的路線を成している。境界の渋谷駅で折り返し運転となる列車は、ごくわずかしか存在しない。

　半蔵門線は東武伊勢崎線・日光線とも相互直通運転を行うが、こちらは当初予定されていなかった。伊勢崎線〜日比谷線ルートでの混雑の深刻化から、その救済策として、半蔵門線押上延伸とともに後年に決定されたものだ。東急側がほぼ全列車直通なのに対し、東武側の直通列車はおおむね2本に1本程度の割合となっている。

　また、日比谷線の直通運転では東急と東武は無関係だったが、半蔵門線では東急側との一体化ゆえに、必然的に東急と東武のあいだでも相互直通の関係が結ばれている。

半蔵門線では東京メトロ車（右写真の㊧）、東武車（左写真の㊨）、東急車の共演が見られ、昔の日比谷線を彷彿とさせる。東急車は5000系（左写真）と2020系（右写真）が、現在、半蔵門線・東武スカイツリーライン直通用として活躍するが、過去には8500系、8590系（共に48頁参照）、2000系といった面々も見られた。また東武車では、かつては30000系（42頁および48頁参照）も半蔵門線・東急田園都市線直通用メンバーの一員だった

半蔵門線直通運転路線図

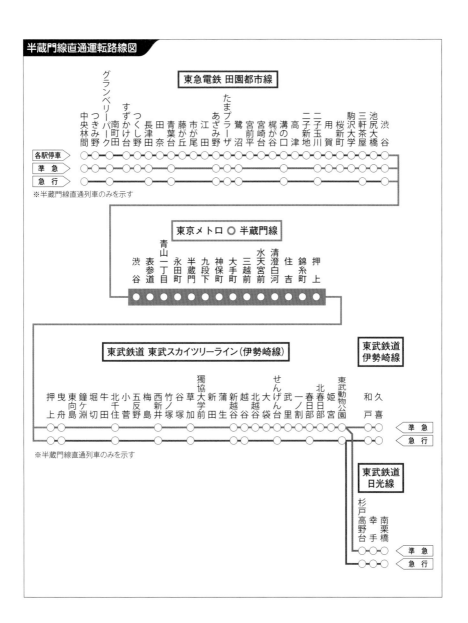

東急電鉄 田園都市線

各駅停車・準急・急行

中央林間／つきみ野／すずかけ台／南町田グランベリーパーク／つくし野／長津田／田奈／青葉台／藤が丘／市が尾／江田／あざみ野／たまプラーザ／鷺沼／宮前平／宮崎台／梶が谷／溝の口／高津／二子新地／二子玉川／用賀／桜新町／駒沢大学／三軒茶屋／池尻大橋／渋谷

※半蔵門線直通車のみを示す

東京メトロ ○ 半蔵門線

渋谷／表参道／青山一丁目／永田町／半蔵門／九段下／神保町／大手町／三越前／水天宮前／清澄白河／住吉／錦糸町／押上

東武鉄道 東武スカイツリーライン（伊勢崎線）

東武鉄道 伊勢崎線

準急・急行

押上／曳舟／東向島／鐘ケ淵／堀切／牛田／北千住／小菅／五反野／梅島／西新井／竹ノ塚／谷塚／草加／獨協大学前／新田／蒲生／新越谷／越谷／北越谷／せんげん台／武里／一ノ割／春日部／北春日部／姫宮／東武動物公園／和戸／久喜

※半蔵門線直通車のみを示す

東武鉄道 日光線

準急・急行

杉戸高野台／幸手／南栗橋

東武スカイツリーラインに乗り入れた東京メトロ8000系⊕

半蔵門線の直通運転略年譜

年	月日	出　来　事
1978	8. 1	渋谷～青山一丁目間開業、東急新玉川線経由で東急田園都市線長津田まで直通運転開始（営団保有車両がなかったため、東急車のみを使用）
1979	8.12	東急田園都市線への直通区間をつきみ野まで延長
	9.21	青山一丁目～永田町間単線開業（翌年複線化）
1981	4. 1	営団車運用開始により東急線との相互直通運転化
1982	12. 9	永田町～半蔵門間開業
1984	4. 9	東急田園都市線全通に伴い、直通区間を中央林間まで延長
1989	1.26	半蔵門～三越前間開業
1990	11.28	三越前～水天宮前間開業
2003	3.19	水天宮前～押上間開業。東武伊勢崎線・日光線南栗橋までの相互直通運転開始
2004	4. 1	帝都高速度交通営団が民営化、東京地下鉄（東京メトロ）となる
2006	3.18	東武伊勢崎線の直通区間を久喜まで延長

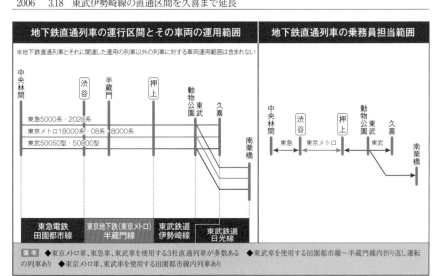

半蔵門線で運用されている車両

東京メトロ18000系

18000系は8000系置き換えのために増備中の新車。半蔵門線初の東京メトロ開発の車両であり、東武スカイツリーラインと東急田園都市線の双方へ直通運転を行う。低速の急曲線区間と比較的高速となる直線区間が混在する半蔵門線に適した曲線通過性能と直進走行安定性両立の台車を採用する。

●諸元　車体：アルミ製／全長：20470mm（先頭車）、20000mm（中間車）／全幅：2828mm／制御方式：VVVFインバータ制御／主電動機出力：205kW／台車：モノリンク式空気ばね台車／製造初年：2020年

東京メトロ08系

08系は、半蔵門線押上開業に合わせて10両編成6本が製作された。半蔵門線用初のVVVFインバータ制御車で、営団地下鉄が開発した最後の形式となったが、増備されることはなかった。東武スカイツリーラインや東急田園都市線への直通運転も行う。

●諸元　車体：アルミ製／全長：20240mm（先頭車）、20000mm（中間車）／全幅：2850mm／制御方式：VVVFインバータ制御／主電動機出力：165kW／台車：モノリンク式ボルスタレス空気ばね台車／製造初年：2003年

東京メトロ8000系

半蔵門線開業時は東急から車両を借用していたが、その延伸時に、営団自前の車両として製作されたのが電機子チョッパ制御車の8000系だ。現在は、全編成のVVVFインバータ制御化が終了している。押上開業後は、東武スカイツリーラインにも直通する。まもなく全廃予定。

●諸元　車体：アルミ製／全長：20000mm、全幅：2830mm／制御方式：VVVFインバータ制御／主電動機出力：165kW／台車：SU形ミンデンボルスタレス空気ばね台車／製造初年：1981年

東武鉄道50000系50050型

50050型は、東武初のアルミ車として日立製作所A-trainをベースに開発された東武50000系シリーズの一員。東武スカイツリーライン、半蔵門線、東急田園都市線に対応した保安機器等を搭載。なお、東上線用50000型を50050型同様の半蔵門線直通仕様に改造した2編成が仲間に加わった。

●諸元　車体：アルミ製／全長：20000mm、全幅：2846mm／制御方式：VVVFインバータ制御／主電動機出力：165kW ／台車：モノリンク式ボルスタレス空気ばね台車／製造初年：2005年

東急電鉄5000系

東急5000系は、JR東日本E231系をベースに3形式が開発された5000系シリーズの田園都市線バージョン。直通する半蔵門線の車両規格が副都心線などより小さく、車体が最も小さい。そのため、側窓上の帯色を変更し東横線に配属された5000系もある。これに限っては「小は大を兼ねる」といえる。

●諸元 車体：ステンレス製／全長：20100mm（先頭車）、20000mm（中間車）／全幅：2770mm／制御方式：VVVFインバータ制御／主電動機出力：190kW／台車：軸梁式ボルスタレス空気ばね台車／製造初年：2002年

東急電鉄2020系

5000系に代わる新たな標準車両として、JR東日本E235系と共通化した設計の車両。総合車両製作所開発のサスティナを採用した見栄えの良い車体で、前頭部はFRP製の丸みを帯びたデザイン。

●諸元 車体：ステンレス製／全長：20470mm（先頭車）、20000mm（中間車）／全幅：2788mm／制御方式：VVVFインバータ制御／主電動機出力：140kW／台車：軸梁式ボルスタレス空気ばね台車／製造初年：2017年

＊　　　　　＊　　　　　＊

半蔵門線部分開業時から運用される東急8500系（左写真の右、下写真の右）や、その分派の東急8590系（下の左側写真の右）、そして東武の初代半蔵門線直通車30000系（左写真の左）などは、すでに過去の存在となってしまった。なお、東急8590系は東急2000系と共に東武線へ直通することはなかった。

COLUMN　北関東から南東北まで牛耳る老舗、東武鉄道

　日比谷線、有楽町線、副都心線、半蔵門線に直通する東武鉄道は、東急電鉄と並んで、都心の地下随所でその車両を見かける存在だが、直通先は地下鉄以外にもまだある。

　JR東日本に乗り入れて、新宿と東武日光・鬼怒川温泉とを結ぶ東武特急スペーシア100系も名だたる存在だが（JR東日本253系1000番台の運用もある）、第三セクターの野岩鉄道会津鬼怒川線（新藤原〜会津高原尾瀬口）や、その先の会津鉄道会津線（会津高原尾瀬口〜会津田島〜西若松）も、東武の車両が直通する路線だ。東北地方は福島県にまで足を伸ばすわけで、さすがは私鉄第2位の規模を誇る鉄道だけのことはある。

　この直通運転では、東武の車両は特急車500系リバティが南会津の会津田島まで乗り入れている（2022年3月11日までは東武所属の6050型も会津田島まで乗り入れていた）。そして逆に、野岩鉄道や会津鉄道の車両も東武線の鬼怒川温泉まで入ってくる。

　ちなみに、野岩鉄道の6050型（60100番台）という「電車」は、東武の6050型と同一設計の車両でもある。

　かつては会津鉄道も6050型（60200番台）を所有していた。一方、会津鉄道オリジナルといえる「気動車」のAT-600形・650形とAT-

のどかな景観の会津鉄道会津線を行く東武6050型の姿はいまや思い出

浅草〜会津田島間を直通する東武特急「リバティ会津」の500系

鬼怒川線の鬼怒川温泉駅で並ぶ会津鉄道AT-700形・750形と東武鉄道6050型（上右）、野岩鉄道6050型60100番台（下右）

700形・750形は、東武線に入るほか、逆方向は西若松からJR東日本の只見線を通り会津若松へ、さらには磐越西線を走って喜多方まで乗り入れている。

日比谷線の相直休止を導いた新たなる東急都心直結ルート

東京メトロ（東京地下鉄）	Ⓝ **南北線**	目黒～赤羽岩淵：21.3キロ
都営地下鉄（東京都交通局）	Ⓘ **三田線**	目黒～西高島平：26.5キロ

［相互直通運転区間（南北線のみ）］
〈埼玉高速鉄道〉埼玉スタジアム線（埼玉高速鉄道線）：赤羽岩淵～浦和美園（14.6キロ）
［相互直通運転区間（南北線・三田線双方）］
〈東急電鉄〉目黒線：目黒～田園調布（6.5キロ）／目黒線（東横線）：田園調布～日吉（5.4キロ）
／東急新横浜線：日吉～新横浜（5.8キロ）
［直通運転区間（南北線・三田線双方、東急車、相鉄車による片直通）］
〈相模鉄道〉相鉄新横浜線：新横浜～西谷（6.3キロ）／本線：西谷～海老名（17.7キロ）／いず
み野線：二俣川～湘南台（11.3キロ）

　南北線と三田線は、経営体が異なるにもかかわらず、末端区間で線路を共用する点が大きな特徴だ。そして両線とも、共用区間の先にある東急の目黒線ならびに「東急新横浜線」と相互直通の関係を結んでいる。さらには、その先に連なる相鉄各線へも直通列車が走る。東急新横浜線～相鉄線ルートは、"首都圏で最も複雑な直通運転を誇る"副都心線からも直通列車が走るので、そのややこしさは極め付きだ。

　南北線については埼玉高速鉄道とも相互直通運転を行う。副都心線の向こうを張って、埼玉高速～南北線～東急線～相鉄線といった4社にまたがる直通列車も走るが、相鉄線まで入れるのは相鉄車と東急車に限られる。一方、相鉄車は三田線、南北線はもちろんのこと、埼玉高速にまで入っていく。

東京メトロ南北線、埼玉高速鉄道線、都営地下鉄三田線、相模鉄道各線と相互直通運転を行う東急目黒線内で比較的よく目にするのは東京都交通局の車両だⒻ

東急の日吉駅で並ぶ、東急、東京メトロ、埼玉高速鉄道、東京都交通局の車両。東急目黒線の列車は日吉で折り返しが多い

南北線・三田線の直通運転略年譜

年	月日	出　来　事
1968	12.27	都営6号線（現・三田線）巣鴨～志村（現・高島平）間開業
1972	6.30	都営6号線日比谷～巣鴨間開業
1973	11.27	都営6号線三田～日比谷間開業
1976	5. 6	都営6号線高島平～西高島平間開業
1978	7. 1	都営6号線から都営三田線に改称
1991	11.29	南北線駒込～赤羽岩淵間開業
1996	3.26	南北線四ツ谷～駒込間開業
1997	9.30	南北線溜池山王～四ツ谷間開業
2000	4.20	都営三田線から三田線に改称
	9.26	南北線目黒～溜池山王間開業により全線開通、三田線三田～目黒間開業により全線開通、両線が東急目黒線武蔵小杉までと相互直通運転開始
2001	3.28	南北線、埼玉高速鉄道線と相互直通運転開始
2004	4. 1	帝都高速度交通営団が民営化、東京地下鉄（東京メトロ）となる
2008	6.22	東急目黒線武蔵小杉～日吉間開業に伴い、南北線・三田線と東急との相互直通区間を日吉まで延長
2023	3.12	東急新横浜線、相鉄新横浜線開業に伴い、南北線・三田線と東急との相互直通区間を新横浜まで延長するとともに、南北線・三田線に相鉄直通列車が設定される

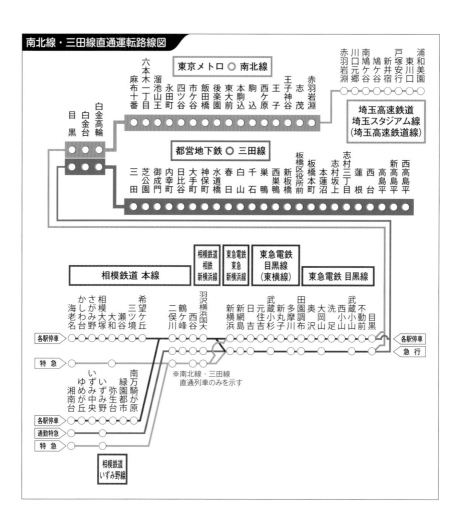

南北線・三田線直通運転路線図

地下鉄直通列車の運行区間とその車両の運用範囲	地下鉄直通列車の乗務員担当範囲

※地下鉄直通列車とそれに関連した運用（問合い運用）の列車以外の列車に対する車両運用範囲は含まれない

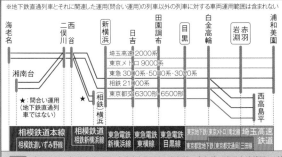

海老名　二俣川　西谷　新横浜　日吉　田園調布　目黒　白金高輪　岩淵　赤羽　浦和美園

湘南台

埼玉高速2000系
東京メトロ9000系
東急3000系・5080系・3020系
相鉄21000系
東京都交6300形・6500形

★：間合い運用
（地下鉄直通列車ではない）

相鉄・横浜
相鉄新横浜線

西高島平

相模鉄道本線 相模鉄道いずみ野線	相模鉄道 相鉄新横浜線	東急電鉄 新横浜線	東急電鉄 東横線	東急電鉄 目黒線	東京地下鉄(東京メトロ)南北線 東京都営地下鉄(東京都交通局)三田線	埼玉高速 鉄道

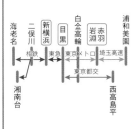

海老名　二俣川　新横浜　目黒　白金高輪　岩淵　赤羽　浦和美園

相鉄　東急　東京メトロ　埼玉高速

東京都交

湘南台　西高島平

備考 ◆東京メトロ車、東急車、埼玉高速車を使用する東急線～南北線～埼玉高速線間の3社直通列車が多数ある　◆相鉄車、東急車を使用する相鉄線～東急線～南北線～埼玉高速線間の4社直通列車が多数ある　◆相鉄車、東急車を使用する相鉄線～東急線～三田線間の3社局直通列車が多数ある　◆東急車を使用する南北線内および南北線～埼玉高速線内折り返し運転の列車あり　◆東急車、相鉄車を使用する三田線内折り返し運転の列車あり　◆相鉄車は使用する東急線～三田線内折り返し運転の列車あり　◆東急車を使用する(相鉄)横浜～西谷・湘南台・海老名間など相鉄線内列車あり（間合い運用）　◆南北線と三田線の共用区間・目黒～白金高輪間では、東京メトロが第一種鉄道事業者で東京都交通局は第二種鉄道事業者となる

東横線と目黒線の並走区間（東横線の複々線区間）田園調布～日吉間では、三田線・南北線直通列車に加え副都心線直通列車も走るので、じつに賑やかだ

田園調布～日吉間では東京都交通局6300形や東京メトロ9000系と横浜高速鉄道Y500系との共演も見ものだ

南北線・三田線　53

南北線・三田線の相模鉄道直通列車は、今のところ東急車と相鉄車の運用に限られる。写真は目黒線を行く東急5080系（左）と相鉄21000系で、共に8両編成

南北線で運用されている車両

東京メトロ9000系

東京メトロ9000系（最後期型）

東京メトロ9000系（リニューアル車）

営団初のVVVFインバータ制御車。最後期型ではホームドアに対応して側帯が窓の上下に描かれ、前照灯や識別帯のデザインも変更。6両編成のみだったが、2023年末より8両編成化を開始。今後、相鉄乗り入れを果たすのか、期待がかかる。

●諸元　車体：アルミ製／全長：20660mm（先頭車）、20000mm（中間車）／全幅：2830mm／制御方式：VVVFインバータ制御／主電動機出力：190kW、225kW（リニューアル車）／台車：ES形ミンデンボルスタレス空気ばね台車、モノリンク式ボルスタレス空気ばね台車／製造初年：1991年

2001年の開業時に登場。走り装置は東京メトロ9000系をベースとするが、車体デザインは独自設計で、前頭部は平面状になり、窓下部にブルーとグリーンのラインがある。

●諸元　車体：アルミ製／全長：20660mm（先頭車）、20000mm（中間車）／全幅：2830mm／制御方式：VVVFインバータ制御／主電動機出力：190kW／台車：モノリンク式ボルスタレス空気ばね台車／製造初年：2000年

埼玉高速鉄道2000系

三田線で運用されている車両

東京都交通局6300形

三田線用6000形の置換と東急目黒線直通運転に備えて開発。現在運用中の後期型は東急目黒線との直通運転に対応、クロスシート廃止や座席裾仕切の簡素化、スカート形状の変更が行われた。

●諸元　車体：ステンレス製／全長：20250mm（先頭車）、20000mm（中間車）／全幅：2800mm／制御方式：VVVFインバータ制御／主電動機出力：180kW／台車：筒型積層ゴムブッシュ式車体直結空気ばね台車／製造初年：1993年

東京都交通局6500形

2022年実施の三田線一部列車8両編成化と6300形1・2次車13編成置き換えを目的に8両13編成が製造。車体断面は軒部形状を兼用することで、側面が垂直に立ち上がるフラットな構成。先頭部はシンプルな箱形で、角張った印象は先々代6000形以来。将来的には相鉄線乗り入れも期待される。

●諸元　車体：アルミ製／全長：20407mm（先頭車）、20000mm（中間車）／全幅：2829mm／制御方式：VVVFインバータ制御／主電動機出力：170kW／台車：コイルばね軸梁式ボルスタレス空気ばね台車／製造初年：2020年

COLUMN　相直破談経験の持ち主、三田線

　都営地下鉄三田線のかつての主役は東京都交通局6000形で、その顔立ちはどことなく東武鉄道の8000系に似ていた（84頁参照）。それもそのはず、三田線（昔は「都営6号線」と称していた）は東上線と相互直通運転を行う予定だったのだ。

　東武鉄道が高島平〜大和町（現・和光市）間の新線を建設して三田線に接続するという計画で、三田線の保安装置も当初は東武と共同開発のT形ATSを用いていた（現在はCS-ATCによるATO運転）。しかし、東武にしてみれば高島平経由では東上線の都心直通ルートとしてはいささか遠回りとなる。結局、話はご破算となってしまった。

　後継の6300形や6500形が現在、田園調布〜日吉間で東上線から東横線に乗り入れてきた東武の9000系列や50070型と並んで走ったりしているのは、なんとも皮肉な絵ではないか。

　なお、6000形は秩父鉄道や熊本電気鉄道でいまも見ることができる。

過ぎし日の三田線6000形

東急電鉄3000系

南北線・三田線と直通運転を行う目黒線専用車両。前頭部はFRP使用により曲面デザインを取り入れた。連結面に転落防止板があったが、ホームドア完備に伴い撤去された。

●諸元　車体：ステンレス製／全長：20300mm（先頭車）、20000mm（中間車）／全幅：2800mm／制御方式：VVVFインバータ制御／主電動機出力：190kW／台車：軸梁式ボルスタレス空気ばね台車／製造初年：1999年

東急電鉄5080系

目黒線用3000系を増備するにあたって車両標準化を重視、目黒線用5000系シリーズとして誕生した。5000系より先頭車の車体長が100mm長く、側窓上部の帯色が異なる。

●諸元　車体：ステンレス製／全長：20200mm（先頭車）／ 20000mm（中間車）／全幅：2778mm／制御方式：VVVFインバータ制御／主電動機出力：190kW／台車：軸梁式ボルスタレス空気ばね台車／製造初年：2003年

東急電鉄3020系

5000系に代わる新たな標準車両として、JR東日本のE235系と共通化した設計で製造された田園都市線用2020系の目黒線バージョン。2020系では緑色だった細いラインが青色となっている。2020系や大井町線用6020系同様、運転台前面に衝突吸収用のハニカム材を配置。

●諸元　車体：ステンレス製／全長：20470mm（先頭車）、20000mm（中間車）／全幅：2788mm／制御方式：VVVFインバータ制御／主電動機出力：140kW／台車：軸梁式ボルスタレス空気ばね台車／製造初年：2019年

相模鉄道21000系

東急目黒線直通用に開発された8両編成の車両。東急東横線直通用10両編成の20000系と基本的に差異はないが、ドアコックの位置や車椅子スペース・優先席の位置が直通先に合わせて変更されている。

●諸元　車体：アルミ製／全長：20470mm（先頭車）、20000mm（中間車）／全幅：2787mm／制御方式：VVVFインバータ制御／主電動機出力：190kW／台車：ボルスタレスモノリンク式空気ばね台車／製造初年：2021年

COLUMN　JR東日本とも相互直通の関係をもつ相模鉄道

東急電鉄と相模鉄道（相鉄）との相互直通運転では、10両編成の東横線（副都心線・東武東上線直通）列車は主にいずみ野線の湘南台に発着し、8両編成の目黒線（南北線・埼玉高速鉄道線および三田線直通）列車は主に（相鉄）本線の海老名に発着する。はて、輸送力の大きい東横線列車が、なぜ利用者の多い本線へは向かわずに、支線のいずみ野線へと入っていくのだろうか。

ご存知のとおり、相模鉄道は東急電鉄のほかにJR東日本とも相互直通運転を行っている。そう、このJR線直通列車（10両編成）が、なにやら関係しているそうだ。相鉄線とJR線とをまたぐ列車は、海老名〜西谷〜羽沢横浜国大（相鉄・JR境界駅）〜武蔵小杉〜大崎〜渋谷〜新宿という経路で運転される（一部の列車は新宿以北、埼京線の池袋、武蔵浦和、大宮、川越線の指扇、川越に発着）。上の経路を見れば、東横線〜副都心線直通の経路（…西谷〜羽沢横浜国大〜新横浜〜日吉〜武蔵小杉〜渋谷〜新宿三丁目〜池袋…）とじつによく似ている。

もし、東横線直通列車を海老名発着主体としたならば、JR線直通列車と競合してしまおう。それを避けるため東横線直通列車は、いずみ野線方面へと振り分け、目黒線直通列車を主に海老名発着としたはず。

目黒線直通列車は、日中は三田線直通だ（南北線直通は朝夕および夜間）。その経路は、海老名〜西谷〜羽沢横浜国大〜新横浜〜日吉〜武蔵小杉〜目黒〜三田〜日比谷〜大手町〜水道橋〜巣鴨〜西高島平となる。これならば、JR線直通列車と競合せずに、棲み分けが図れよう。

ところで話は飛躍するが、列車ダイヤが乱れたときなど、まれにJR車が相鉄の横浜駅に発着する相鉄線内列車に充当される。すなわち代走だ（東急車は間合い運用で〔相鉄〕横浜駅発着列車に定期的に充当）。一方、相鉄車もダイヤが乱れた際には、埼京線の大宮や川越線の川越まで足をのばす（定期運用では池袋まで）。地下鉄絡みでは、相鉄車が有楽町線の新木場まで行く可能性があることは既述のとおり。さら

には、ダイヤ乱れ時、横浜高速鉄道みなとみらい線の元町・中華街に相鉄車が現れることもある（本書編集段階で実際に確認）。

JRの大崎駅で並ぶ相模鉄道12000系とJR東日本E233系　⑥

相模鉄道本線相模大塚駅電留線で休むJR東日本E233系　⑥

相鉄線内では、JR東日本E233系と東急5050系の出会いも日常茶飯事。写真は相模鉄道本線西谷駅の風景

都営地下鉄（東京都交通局）　Ⓐ 浅草線　西馬込〜押上：18.3キロ

[相互直通運転区間]
〈京成電鉄〉押上線：押上〜青砥（5.7キロ）／本線：青砥〜成田空港（57.8キロ）／成田スカイ
　　アクセス線（成田空港線）：京成高砂〜成田空港（51.4キロ）
　　　　※成田スカイアクセス線のうち京成高砂〜印旛日本医大間は北総鉄道北総線、空港第2ビル
　　　　〜成田空港間は京成電鉄本線とのそれぞれ重複区間
〈北総鉄道〉北総線：京成高砂〜印旛日本医大（32.3キロ）
〈京浜急行電鉄〉本線：泉岳寺〜堀ノ内（53.5キロ）／久里浜線：堀ノ内〜三崎口（13.4キロ）
　　／空港線：京急蒲田〜羽田空港第1・第2ターミナル（6.5キロ）／逗子線：金沢八景〜逗
　　子・葉山（5.9キロ）
[直通運転区間（京成車による片直通）]
〈京成電鉄〉東成田線：京成成田〜東成田（7.1キロ）
〈芝山鉄道〉芝山鉄道線：東成田〜芝山千代田（2.2キロ）
[直通運転区間（京急車による片直通）]
〈京浜急行電鉄〉本線：堀ノ内〜浦賀（3.2キロ）

　世界的にも類いまれな日本の地下鉄と郊外鉄道の相互直通運転。草分けは浅草線で、1960（昭和35）年に京成線とのご縁が結ばれた。以降、直通相手も京急線、北総線、芝山鉄道線と増え、いまでは副都心線と並んで複雑な運行体系を誇る。京成線〜浅草線〜京急線の3社局またがり、北総線〜京成線〜浅草線〜京急線の4社局またがりの直通列車が多数あり、前者では成田空港と羽田空港を直結する列車の存在が華だろうか。京成線・京急線最果ての駅、成田空港と三崎口まで地下鉄の車両が行く点も見所といえよう。

5社局の車両が入り乱れて走るのが浅草線の凄み。そのなかでも、東京都交車Ⓐと京成車の縁は古い

京急線内を行く東京都交5500形⬅と京成3100形⬆

京成の旧3000形以降の通勤車はすべて浅草線に入れる。
3500形（上写真右）や3600形（右写真）も最近まで浅草
線で見ることができた。なお、東京都交5300形（上写真左、
5500形の前任）も2023年2月に運用を終えている

浅草線の直通運転略年譜

年	月日	出　来　事
1960	12. 4	都営1号線として押上〜浅草橋間開業、京成電鉄と相互直通運転開始
1962	5.31	浅草橋〜東日本橋間開業
	9.30	東日本橋〜人形町間開業
1963	2.28	人形町〜東銀座間開業
	12.12	東銀座〜新橋間開業
1964	10. 1	新橋〜大門間開業
1968	6.21	大門〜泉岳寺間開業、京浜急行電鉄と相互直通運転開始
	11.15	泉岳寺〜西馬込間開業
1978	7. 1	都営1号線から都営浅草線に改称
1991	3.31	北総開発鉄道（現・北総鉄道）と相互直通運転開始
1993	4. 1	京急空港線穴守稲荷〜羽田（現・天空橋）間 暫定開業に伴い、同線発着の直通列車を運転
2000	4.20	都営浅草線から浅草線に改称
2002	10.27	芝山鉄道と直通運転開始
2010	7.17	京成成田空港線（成田スカイアクセス線）開業に伴い、同線経由の直通列車を運転

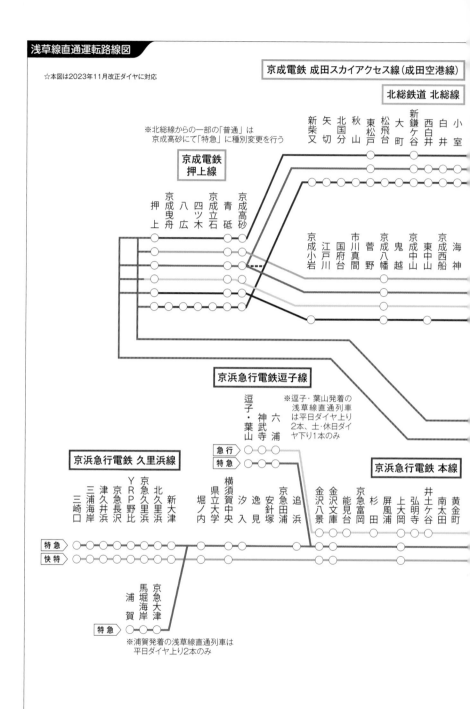

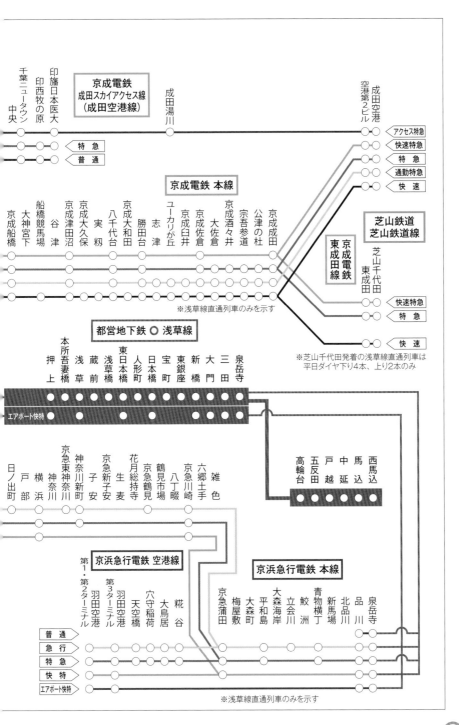

京成電鉄
成田スカイアクセス線
（成田空港線）

京成電鉄 本線

都営地下鉄 ○ 浅草線

京浜急行電鉄 空港線

京浜急行電鉄 本線

芝山鉄道
芝山鉄道線

京成電鉄
東成田線

アクセス特急
快速特急
特急
通勤特急
快速

快速特急
特急
快速

※芝山千代田発着の浅草線直通列車は
平日ダイヤ下り4本、上り2本のみ

※浅草線直通列車のみを示す

※浅草線直通列車のみを示す

COLUMN　浅草線直通仲間の遠縁、新京成

　京成電鉄の直通相手は、現在5社局を数える。うち4社局は北総鉄道、芝山鉄道、東京都交通局、京浜急行電鉄の面々で浅草線関係だが、新京成電鉄（京成津田沼～松戸）とも直通運転を行っている。ただし、こちらは相互直通運転ではなく、新京成電鉄の車両が京成電鉄千葉線（京成津田沼～千葉中央）に一方的に乗り入れる形態（片直通運転）だ。

　なお、新京成電鉄はかつて北総開発鉄道（現・北総鉄道）、住宅・都市整備公団の鉄道（現在の北総線の一部）とも相互直通運転を行っており、当時、松戸に北総や公団の車両が姿を見せていた。住宅・都市整備公団（→都市基盤整備公団）の鉄道施設と車両は千葉ニュータウン鉄

道に引き継がれている。ちなみに新京成電鉄は2025年4月、京成電鉄に吸収合併される予定。

千葉中央駅で発車を待つ松戸行の新京成電鉄8800形
（左、旧塗色時代のもの）

COLUMN　ローズライン決定のわけ

　浅草線のラインカラーはローズ色だ。東京の地下鉄各線にラインカラーを制定する際、東京都交通局は「都営1号線」「浅草線」という線名制定以前の名）のラインカラーに赤色を希望したが、営団丸ノ内線の車両の色が赤だったためそれは叶わず、赤系のローズ色に落ち着いたという。

　都営1号線開業以来の5000形の車体色が、窓下は赤っぽいオレンジ、窓から上はクリーム色、その境目に銀色の帯を巻くといった出で立ちだったため、それらを混ぜ合わせた印象のカラーということで、ローズ色に決まったと聞く。

　その5000形の車体色は、京成電鉄の初代3000形などの車体色とも似ており、相互直通

運転に向けて、車両のイメージを統一することが打ち合わされたのかもしれない。ただ、京浜急行電鉄が真っ赤な車体に白帯を巻く初代1000形で1号線に乗り入れてきたので、残念ながら統一感は崩れてしまった。

都交通局5000形（手前）と京成3300形。こうやって並べば京成車の方が車体上部の色が濃く肌色っぽいことがわかる

上は東京都交通局5000形、下は京成電鉄の旧3050形で車体色が酷似している

☆本図は2023年11月改正ダイヤに対応
※地下鉄直通列車とそれに関連した運用の列車以外の列車に対する車両運用範囲は含まれない
※京成3100形と京成3000形は相互に代走運用の可能性あり

地下鉄直通列車の運行区間とその車両の運用範囲（図）

主な駅：逗子・葉山／京急久里浜／三崎口／浦賀／金沢八景／金沢文庫／神奈川新町／西馬込／泉岳寺／押上／青砥／京成高砂／新鎌ケ谷／印西牧の原／印旛日本医大／小室／成田空港／空港第2ビル／芝山千代田／東成田／京成成田／宗吾参道／京成津田沼／京急蒲田／羽田空港第1・第2ターミナル／品川

車両：北総7300形・7500形・9100形・9200形・9800形／京成3100形／京成3000形／京成3400形・3700形／東京都交5500形／京急600形・1000形・1500形

事業者：電鉄久里浜線／京浜急行電鉄逗子線／京浜急行電鉄本線／京浜急行電鉄空港線／東京都営地下鉄（東京都交通局）浅草線／押上線／京成電鉄／北総鉄道・京成電鉄 成田空港線／京成電鉄 本線／芝山鉄道

地下鉄直通列車の乗務員担当範囲（図）

逗子・葉山／堀ノ内／三崎口／浦賀／金沢八景／西馬込／泉岳寺／押上／京成高砂／印旛日本医大／空港第2ビル／成田空港／芝山千代田／東成田／京成成田／京急蒲田／羽田空港第1・第2ターミナル

東京都交／京急／北総／京成

備考　◆東京都交車、京急車、京成車、北総車を使用する4社局直通列車、および東京都交車、京急車、京成車を使用する3社局直通列車が多数ある　◆京急車、京成車、北総車を使用する浅草線内折り返し運転の列車あり（西馬込～泉岳寺間列車など）　◆東京都交車を使用する京成線～北総線内列車あり（押上～印旛日本医大間列車など）　◆東京都交車を使用する北総線内列車あり（矢切～印西牧の原間、矢切～印旛日本医大間、新鎌ケ谷～印西牧の原間列車など）　◆東京都交車を使用する京成線内列車あり（京成高砂～京成佐倉間、京成高砂～京成成田間、京成高砂～成田空港間、押上～青砥間、押上～京成高砂間列車など）　◆東京都交車を使用する京急線内列車あり（泉岳寺～品川間、泉岳寺～三崎口間、泉岳寺～逗子・葉山間、泉岳寺～羽田空港第1・第2ターミナル間、品川～羽田空港第1・第2ターミナル間、京急蒲田～羽田空港第1・第2ターミナル間、羽田空港第1・第2ターミナル～逗子・葉山間、神奈川新町～逗子・葉山間、京急久里浜～三崎口間、金沢文庫～逗子・葉山間列車など）　◆東京都交車、京成車を使用する北総線内列車あり（印西牧の原～印旛日本医大間列車など）　◆京成車を使用する京急線内列車あり（泉岳寺～羽田空港第1・第2ターミナル間、泉岳寺～京急久里浜間、京急蒲田～羽田空港第1・第2ターミナル間列車など）　◆北総車を使用する京急線内列車あり（泉岳寺～羽田空港第1・第2ターミナル間列車）　◆北総車を使用する京成線～浅草線内列車あり（羽田空港第1・第2ターミナル～青砥間列車など）　◆京成車を使用する北総線内列車あり（押上～京成高砂間列車）　◆京成車を使用する京成線内列車あり（押上～青砥間、押上～京成高砂間、京成高砂～京成佐倉間、京成高砂～成田空港間列車など）　◆京成車を使用する浅草線～京成線内列車あり（西馬込～京成高砂間、西馬込～京成佐倉間、西馬込～成田空港間列車など）　◆北総車のうち9100形、9200形、9800形は千葉ニュータウン鉄道（北総線および京成成田空港線・小室～印旛日本医大間の第三種鉄道事業者）の所有　◆北総線と京成成田空港線の共用区間のうち京成高砂～小室間は北総が第一種鉄道事業者、京成が第二種鉄道事業者、小室～印旛日本医大間は千葉ニュータウン鉄道が第三種鉄道事業者、北総と京成が第二種鉄道事業者となる　◆京成高砂～印旛日本医大間の京成乗務員担当列車は成田空港発着列車に限る

京成線内でも京急車を見る機会は多い

東京都交通局5500形

5300形置換用に登場。成田スカイアクセス線経由「アクセス特急」に充当可能な性能を有し、2018年6月末から浅草線内で営業運転を開始、順次乗り入れ区間を拡大して、現在は「アクセス特急」にも運用される。

●諸元　車体：ステンレス製／全長：18000mm／全幅：2808.8mm／制御方式：VVVFインバータ制御／主電動機出力：155kW／台車：軸梁式車体直結空気ばね台車／製造初年：2017年

京成電鉄3700形初期型

京成電鉄3700形後期型

京成本線の現・成田空港駅、北総開発鉄道（現・北総鉄道）京成高砂～新鎌ケ谷間の開業を機に、通勤車のイメージ向上のために登場。前面デザインが左右非対称の軽量ステンレス車体を採用した。後期車では前面デザインが変更され、腰板部の前照灯や通過表示灯の位置が変わった。なお、6両編成は浅草線直通運用に充当されない。

●諸元　車体：ステンレス製／全長：18000mm／全幅：2835mm／制御方式：VVVFインバータ制御／主電動機出力：130kW／台車：SU形ミンデン空気ばね台車／製造初年：1991年

京成電鉄3000形

京成電鉄の通勤車の半数近くを占める主力車両。浅草線直通用として1958年に登場した3000形があったため、新3000形と称されることもある。コルゲートなど補強の突起がない軽量ステンレス車体を採用したVVVFインバータ制御車。3050番台の「アクセス特急」用編成は成田スカイアクセス線と京急線内を最高速度120km/hで走行したが、現在はその運用から退いている。

●諸元　車体：ステンレス製／全長：18000mm／全幅：2845mm／制御方式：VVVFインバータ制御／主電動機出力：125kW／台車：モノリンク式空気ばね台車／製造初年：2003年

京成電鉄3400形

スカイライナー用AE形（初代）の走り装置と大栄車両で新造した鋼製車体を組み合わせた車両。車体形状は3700形に準じる。近々、全廃の予定。

●諸元　車体：鋼製／全長：18000mm／全幅：2832mm／制御方式：界磁チョッパ制御／主電動機出力：140kW／台車：S形ミンデン空気ばね台車／SU形ミンデン空気ばね台車／製造初年：1993年

京成電鉄3100形（3150番台）

京成グループの新たな標準型車両として2019年に登場。一次車は「アクセス特急」用の3150番台で、ステンレス車体に成田スカイアクセス線のラインカラーであるオレンジ色のストライプという外観が特徴。余談だが新京成電鉄80000形は同車がベース。

●諸元　車体：ステンレス製／全長：18000mm／全幅：2845mm／制御方式：VVVFインバータ制御／主電動機出力：140kW／台車：モノリンク式空気ばね台車／製造初年：2019年

COLUMN　芝山車の浅草線乗り入れ復活なるか？

　浅草線の西馬込や京急線の羽田空港国内線ターミナルからも直通列車が走る芝山鉄道だが、現在、同社に所属する車両は京成電鉄からリースされている3500形4両編成1本のみで、京成の金町線や千葉線・千原線の運用にも入るものの、浅草線に乗り入れることは基本的にはない。

　しかし、2002年の芝山鉄道開業から2013年3月までの間、京成からのリースは3600形8両編成1本であり、京成本線の京成上野〜成田空港間「特急」などによく運用されていたが、8両編成のため当然ながら浅草線直通列車にも使われ、西馬込にも顔を出していた（京成3600形と共通運用。ただし先頭車が電動車ではないので京急線には入らなかった）。

　現在の3500形も老朽化しているので、いずれはリース車両の交換が行われよう。京成から、北総鉄道や千葉ニュータウン鉄道へのリース実績がある3700形8両編成あたりが芝山鉄道にリースされれば、芝山車の浅草線乗り入れが復活するだけでなく、京急線への初入線も実現することだろう。

正面右上に「SR」のロゴが貼られた芝山鉄道3600形。帯色が赤と緑なのも特徴的であった

北総鉄道7300形

北総鉄道7300形（7800番台）

北総開発鉄道（現・北総鉄道）京成高砂～新鎌ケ谷間の開業に備え、京成線・浅草線・京急線直通運転用として新製。京成3700形とほぼ同一設計でカラーリングなどが異なる。自社発注編成は2本で、後年、京成から3700形3本を借入し、7800番台とした。

●諸元　車体：ステンレス製／全長：18000mm／全幅：2835mm／制御方式：VVVFインバータ制御／主電動機出力：130kW／台車：SU形ミンデン空気ばね台車／製造初年：1991年

北総鉄道7500形

北総開発鉄道開業時に登場した7000形の代替として新製された車両。京成新3000形と同一設計で、相違点は帯色などカラーリングが異なることぐらい。

●諸元　車体：ステンレス製／全長：18000mm／全幅：2845mm／制御方式：VVVFインバータ制御／主電動機出力：125kW／台車：モノリンク式空気ばね台車／製造初年：2006年

北総鉄道9100形（千葉ニュータウン鉄道保有）

9100形は、現在の北総線の一部を住宅・都市整備公団が運営していた時代に投入された車両。登場時より「C-Flyer」という愛称を持つ。走行機器は京成3700形とほぼ同一だが、車体や接客設備は独自設計で、中間車はセミクロスシート車となっている。

●諸元　車体：ステンレス製／全長：18000mm／全幅：2835mm／制御方式：VVVFインバータ制御／主電動機出力：130kW／台車：SU形ミンデン空気ばね台車／製造初年：1994年

北総鉄道9200形（千葉ニュータウン鉄道保有）

住都公団線開業時に新製された9000形の置換用として、同時期に新製された京成3000形とほぼ同一設計で新製。最大の相違点は帯色。

●諸元　車体：ステンレス製／全長：18000mm／全幅：2845mm／制御方式：VVVFインバータ制御／主電動機出力：125kW／台車：モノリンク空気ばね台車／製造初年：2013年

北総鉄道9800形（千葉ニュータウン鉄道保有）

１本だけ残存していた住都公団線開業時からの9000形を置換するため京成3700形3738Fのリースを受けて入線した。

●諸元　車体：ステンレス製／全長：18000mm／全幅：2835mm／制御方式：VVVFインバータ制御／主電動機出力：130kW／台車：SU形ミンデン空気ばね台車／製造初年：1994年

京浜急行電鉄1500形（1700番台）

1500形の制御装置を界磁チョッパ制御からVVVFインバータ制御に変更して新製したため番台区分された。1700番台（８両編成）は浅草線直通列車に充当。

●諸元　車体：アルミ製／全長：18000mm／全幅：2830mm／制御方式：VVVFインバータ制御／主電動機出力：120kW／台車：乾式ゴム入り円筒案内式車体直結空気ばね台車／製造初年：1990年

京浜急行電鉄600形

浅草線直通用初のクロスシート車として、固定・可動・折畳みの３種の形態があるツインクルシートでラッシュに備えたが、現在では車端部を除きロングシート化された。

●諸元　車体：アルミ製／全長：18000mm／全幅：2830mm／制御方式：VVVFインバータ制御／主電動機出力：120kW/180kW（1996年製）／台車：軸梁式車体直結空気ばね台車／製造初年：1994年

京浜急行電鉄1000形（初期型アルミ車）

京浜急行電鉄1000形（中期型ステンレス車）

京浜急行電鉄1000形（ステンレス車1800番台）

京浜急行電鉄1000形（後期型ステンレス車）

京浜急行電鉄1000形（後期型ステンレス車全面塗装車）

600形に代わる浅草線直通用車両として、2002年にアルミ車で登場。初代1000形残存中に製造が始まったため新1000形と称しており、現在も新1000形と呼ばれることが多い。

07年製の増備車から、同社初のステンレス車体となり、従来車のイメージを継承するため赤・白のラッピングを広範囲に施した。また、車端部のクロスシートを廃し、オールロングシート車となった。16・17年製から側窓周囲も白色フィルム張りになり、ステンレスの無塗装部分の露出はかなり減った。また、車端部のロングシートの一部をクロスシートに変更され、窓下部にコンセントが設置された。

600形の前面デザインを受け継いだ新1000形は、前面非常扉を貫通路に使えないため、4連2本併結の浅草線直通列車充当は不可であったが、2016年製の4両編成1800番台は前面扉位置を中央に変更、2編成併結で浅草線直通運用に充当可能となった。

2017年12月の増備車からステンレス車体では珍しい全面塗装車となり、8両編成は同社創立120周年を記念し、1200番台とした。

すでに同社保有車両の半数を超え、初代1000形同様、主力車両として君臨する。なお、1800番台の仕様にデュアルシートを付加した1890番台が2021年3月に増備されたが、現在のところ京急線内運用のみに留まっているようだ。

● 諸元　車体：アルミ製、ステンレス製／全長：18000mm／全幅：2830mm（アルミ車）、2792mm（ステンレス車）／制御方式：VVVFインバータ制御／主電動機出力：190kw（アルミ車）、155kw（ステンレス車）／台車：乾式ゴム入り円筒案内式車体直結空気ばね台車／製造初年：2002年

　浅草線に乗り入れた京浜急行電鉄の最初の車両は初代1000形だ。都営地下鉄直通用として開発された車両で、同電鉄初の正面貫通ドア付でもあった（これは相互直通運転にかかわる取り決めごとの１つ）。

　1959年から1978年までの20年間に356両が製造され、各車の形式が運転台の有無などにかかわらず、すべてデハ1000形だったため、単一形式としては私鉄最多の製造両数を誇ってい

る（１系列での私鉄最多製造両数を誇るのは東武鉄道8000系）。

　当然、都営地下鉄直通列車だけでなく、京急線内の「普通」から「快速特急」（現・「快特」）まで幅広く用いられ、ひところは“京浜急行の顔”といった印象でもあった。

　現在は、四国の高松琴平電気鉄道琴平線・長尾線で、その活躍を見ることができる。

ありし日の都営地下鉄１号線における京急初代1000形

補足 第一種鉄道事業者・第二種鉄道事業者・第三種鉄道事業者について

　鉄道事業を営む者の監督に関する事柄を規定した法律「鉄道事業法」では、「鉄道事業」を次の３種類に区分し定義している（以下は法律上の責任主体を表したもので、必ずしも施設等の財産保有を規定したものではない）。

(1)　第一種鉄道事業……自らが鉄道線路を敷設し、他人の需要に応じて旅客・貨物の運送を行うとともに、自己の線路容量に余裕がある場合に第二種鉄道事業者に使用させることができる事業。

(2)　第二種鉄道事業……第一種鉄道事業者、または、第三種鉄道事業者が敷設した鉄道線路を使用し、他人の需要に応じて旅客貨物の運送を行う事業。

(3)　第三種鉄道事業……鉄道線路を敷設して第一種鉄道事業者に譲渡するか、または、第二種鉄道事業者に使用させる事業で自らは運送を行わない。

　東京メトロ南北線・都営地下鉄三田線線路共用区間の目黒〜白金高輪間は、東京メトロが第一種鉄道事業者、東京都交通局が第二種鉄道事業者となる。また、北総鉄道北総線と京成電鉄成田スカイアクセス線（成田空港線）の線路共用区間、京成高砂〜小室間は、北総鉄道が第一種鉄道事業者、京成電鉄が第二種鉄道事業者だ。さらに小室〜印旛日本医大間は、千葉ニュータウン鉄道が第三種鉄道事業者、北総鉄道と京成電鉄が第二種鉄道事業者となっている。

　成田スカイアクセス線は、印旛日本医大〜成田空港間も京成電鉄は第二種鉄道事業者で、成田湯川〜空港第２ビル間に所在する成田高速鉄道アクセス線・成田空港高速鉄道線接続点（JR東日本成田線合流部付近）を境に、印旛日本医大側は成田高速鉄道アクセスが、成田空港側は成田空港高速鉄道が、それぞれ第三種鉄道事業者となっている。

　なお、京成電鉄の本線も駒井野分岐部（京成成田〜空港第２ビル間に所在する東成田線との実質的な分岐点）〜成田空港間は、同社が第二種鉄道事業者で、成田空港高速鉄道が第三種鉄道事業者だ。

地味ながらも、地下鉄と郊外鉄道がまさに一体化しつつある直通運転

都営地下鉄（東京都交通局） Ⓢ 新宿線

新宿〜本八幡：23.5キロ

[相互直通運転区間]
〈京王電鉄〉京王新線（京王線）：新線新宿（新宿）〜笹塚（3.6キロ）／京王線：笹塚〜北野
　（32.5キロ）／相模原線：調布〜橋本（22.6キロ）／高尾線：北野〜高尾山口（8.6キロ）
[直通運転区間（京王車による片直通）]
〈京王電鉄〉京王線：北野〜京王八王子（1.8キロ）

　わが国唯一の軌間1372mmの地下鉄・新宿線は、相互直通相手の京王線の軌間に合わせた結果ゆえの産物だ。京王側の俗に"京王新線"と呼ばれる初台・幡ケ谷駅を擁する新宿〜笹塚間の別線は、新宿線の延長線的性格を色濃くしており、直通列車も笹塚折り返し運転が目立つ。基本的には、新宿線直通列車は橋本方面の京王相模原線系統が主体ながら、例外的に京王八王子・高尾山口方面発着の列車も存在する。ただ、それらの設定はじつに流動的で、ダイヤ改正のたびに増えたり減ったりしている。

京王相模原線からの直通「区間急行」本八幡行の東京都交通局10-300形が笹塚で折り返し待機中の京王9000系（「急行」本八幡行）を追い越していく

京王電鉄と東京都交通局の車両の並びも、もはや見慣れた光景だ。右奥の京王5000系は代走のみで新宿線に入る

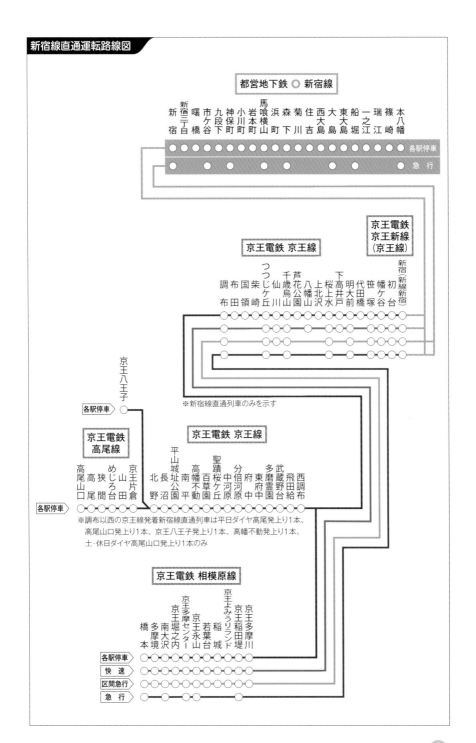

都営地下鉄 ○ 新宿線

新宿三丁目・曙橋・市ヶ谷・九段下・神保町・小川町・岩本町・馬喰横山・浜町・森下・菊川・住吉・西大島・大島・東大島・船堀・一之江・瑞江・篠崎・本八幡

各駅停車

急行

京王電鉄 京王線

京王電鉄 京王新線（京王線）

調布・布田・国領・柴崎・つつじケ丘・仙川・千歳烏山・芦花公園・八幡山・上北沢・桜上水・下高井戸・明大前・笹塚・幡ヶ谷・初台・新線新宿・新宿

京王八王子

各駅停車

※新宿線直通列車のみを示す

京王電鉄 高尾線

高尾山口・狭間・めじろ台・山田・京王片倉

京王電鉄 京王線

北野・長沼・平山城址公園・南平・高幡不動・百草園・聖蹟桜ヶ丘・中河原・分倍河原・府中・東府中・多磨霊園・武蔵野台・飛田給・西調布

各駅停車

※調布以西の京王線発着新宿線直通列車は平日ダイヤ高尾発上り1本、
高尾山口発上り1本、京王八王子発上り1本、高幡不動発上り1本、
土・休日ダイヤ高尾山口発上り1本のみ

京王電鉄 相模原線

橋本・多摩境・南大沢・京王堀之内・京王多摩センター・京王永山・若葉台・稲城・京王よみうりランド・京王稲田堤・京王多摩川

各駅停車

快速

区間急行

急行

| 地下鉄直通列車の運行区間とその車両の運用範囲 | 地下鉄直通列車の乗務員担当範囲 |

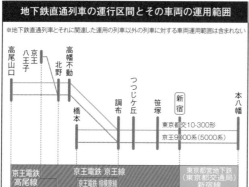

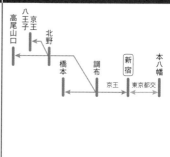

※地下鉄直通列車とそれに関連した運用の列車以外の列車に対する車両運用範囲は含まれない

備考 ◆京王車を使用する新宿線内折り返し運転の列車あり ◆東京都交車を使用する京王線内列車（桜上水〜高尾山口間列車、高尾山口〜調布間列車、橋本〜つつじケ丘間列車、調布〜橋本間列車など）が若干あり

新宿線の直通運転略年譜

年	月日	出 来 事
1978	12.21	都営新宿線として岩本町〜東大島間開業
1980	3.16	新宿〜岩本町間開業、京王帝都電鉄（現・京王電鉄）と相互直通運転開始（ただし京王車は岩本町で折り返し、東京都交車もほとんどが笹塚折り返しだった）
1983	12.23	東大島〜船堀間開業
1986	9.14	船堀〜篠崎間開業
1987	12.20	京王車の直通区間が大島まで延長
1989	3.19	篠崎〜本八幡（仮設）間開業により全線開通
1991	9.1	本八幡（本設）開業、京王車の直通区間が本八幡まで延長
2000	4.20	都営新宿線から新宿線に改称

COLUMN 競馬場線で清算した都交通局

　井の頭線を除く京王電鉄の各線で、都営地下鉄新宿線からの直通列車が設定されたことがないのは、競馬場線（東府中〜府中競馬正門前、全長0.9km）のみ。では、東京都交通局の車両が入線したことはないのかといえば、さにあらず。2010年3月から2013年2月までの間、土曜・休日に東府中〜府中競馬正門前間を終日にわたって東京都交車が往復し続けるという運用が組まれていたのだ。

　俗にいう"清算運用"というやつで、なぜ、そんなことが起こるのかは本書の後半で詳しく説明する。

競馬場線を行く今は亡き東京都交通局10-000形

東京都交通局10-300形（前期型）

東京都交通局10-300形（後期型）

新宿線開業時から使用される10-000形の置換用に登場。JR東日本E231系をベースに設計され、VVVF
インバータ制御を採用。車体前頭部は左右非対称形状となった。10両編成で登場した10-490編成以降
の後期型は、ベース車両がJR東日本E233系で、前面のデザインが見直された。その結果、行先表示装
置大型化や前照灯の位置変更が行われ印象が大きく変わっている。

●諸元　車体：ステンレス製／全長：20150mm（先頭車）／20000mm（中間車）／全幅：2770mm／制御方式：VVVF
インバータ制御／主電動機出力：95kW／台車：軸梁式ボルスタレス空気ばね台車／製造初年：2004年

京王電鉄9000系（30番台）

都営新宿線直通に使われていた6000系の置換用
に登場。地上線用の9000系との違いは、正面貫
通扉周りの幌座と台枠側梁の絞り込みの廃止、新
宿線対応の保安機器搭載など。

●諸元　車体：ステンレス製／全長：20000mm／全幅：
2845mm／制御方式：VVVFインバータ制御／主電動機出
力：170kW／台車：軸梁式ボルスタレス空気ばね台車
／製造初年：2006年

京王電鉄5000系（30番台）

「京王ライナー」用として登場した、ロング
＆クロスシートの両形態に転換可能なデュア
ルシートを装備。都営新宿線対応機器を備え、
同線ではロングシート状態で運用されたが、
現在は新宿線直通の定期運用はない。ただし、
9000系の運用に代走で入ることがある。

●諸元　車体：ステンレス製／全長：20440mm（先
頭車）／20000mm（中間車）／全幅：2800mm／制
御方式：VVVFインバータ制御／主電動機出力：
150kW／台車：軸梁式ボルスタレス空気ばね台車
／製造初年：2017年

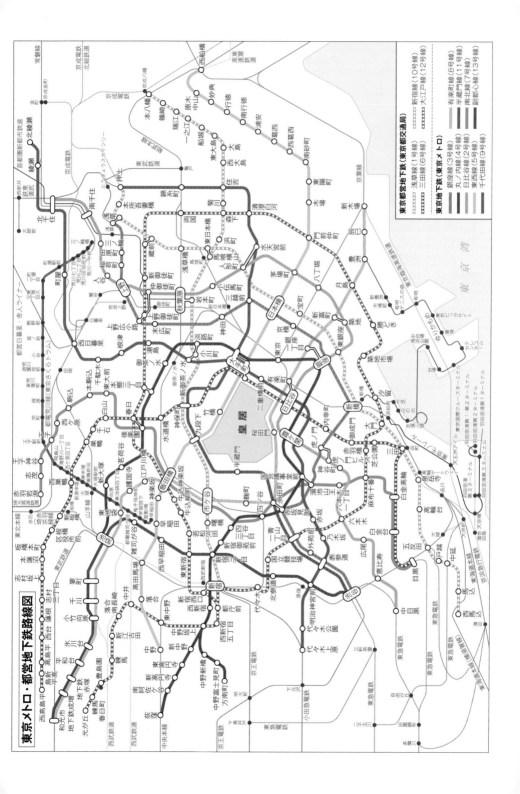

第 **2** 部

東京の相互直通運転の歴史と実態

第❶章 異なる事業者間の列車直通運転の歴史瞥見

ここまで、東京の地下鉄における私鉄やJR東日本、第三セクター鉄道との列車の相互直通運転について、各線の概況を俯瞰してきたわけだが、こうした異なる鉄道事業者・軌道経営者間での列車・車両の直通運転は、わが国ではいつ頃から見られるようになったのだろうか。

東京の地下鉄を対象とする本書の基本テーマからやや外れる箇所もあるかもしれないが、ここではまず、直通運転の形態を整理したうえで、その歴史を瞥見してみることにする。

1　片直通運転のいろいろ

東京の地下鉄とほかの鉄道事業者との間で行われる直通運転の多くは、お互いの列車が相手線に乗り入れる「相互直通運転」（相互乗り入れ運転）だった。

これに対し、ある鉄道事業者ないし軌道経営者の列車・車両が、関係する相手方の路線に一方的に乗り入れる直通運転の形態を「片乗り入れ運転」と呼ぶ。「相互直通運転」にならえば、「一方的直通運転」あるいは「片直通運転」とでもなろうか。本書では、こういう直通運転の形態を勝手ながら「片直通運転」という表記で統一している。

この「片直通運転」に関しては、先の相互直通運転の概況でも、芝山鉄道、新京成電鉄、箱根登山鉄道、相模鉄道などの事例がちらほら出てきた。また、序論でもふれたように、京都市営地下鉄東西

線と京阪電気鉄道京津線との直通運転も、京阪側からの一方的な「片直通運転」となっている。

■小田急電鉄→箱根登山鉄道の片直通

箱根登山鉄道の事例について補足すると、ご承知のように、小田急電鉄の「特急」ロマンスカー（東京メトロ千代田線直通列車を含む）とごく一部の「各駅停車」列車は、箱根登山鉄道の鉄道線小田原～箱根湯本間に直通している（「各駅停車」の直通列車は、2023年3月18日修正ダイヤで見ると、平日は箱根湯本発新松田行上り列車が1本のみ、といった具合でじつに稀有な存在といえる）。

むろん、これらの直通列車はすべて小田急の車両による運用であって、箱根登山鉄道の車両は小田急線には一切乗り入れない。したがって、小田急側からの「片直通運転」となる。

おもしろいことに、箱根登山鉄道の鉄道線（小田原～強羅間）のうち、小田急直通区間である小田原～箱根湯本間を走る営業列車は、同区間折り返し運転の「各駅停車」列車を含めて、すべて小田急車が使用されている（入生田～箱根湯本間にのみ、箱根湯本～強羅間で運用の箱根登山鉄道車両の回送列車がある。これは入生田に同車の車庫があるため）。

こうした極端な芸当も、箱根登山鉄道が小田急電鉄の関連会社だからこそ可能となるのかもしれない。

■新京成電鉄→京成電鉄の片直通

　新京成電鉄新京成線と京成電鉄千葉線との直通運転（松戸～〈京成津田沼〉～千葉中央間）も、すべての直通列車が新京成車運用のため、新京成電鉄側からの京成電鉄への「片直通運転」となる次第（〈　〉内の駅名は事業者〔会社〕境界駅。以下も同様とする）。

京成電鉄千葉線の千葉中央駅に乗り入れた新京成電鉄8000形⑥

■芝山鉄道にみる変則的な片直通

　一方、同じ京成絡みの直通運転で都営地下鉄浅草線とも関係する芝山鉄道の事例は、なんとも定義が難しい。芝山鉄道線は東成田～芝山千代田間の路線で、京成線を介して都営地下鉄浅草線および京急線との間に直通列車が若干存在する。

　そして、芝山鉄道線～京成電鉄本線・押上線～都営地下鉄浅草線～京浜急行電鉄本線・空港線を直通運転する列車（芝山千代田～〈東成田〉～〈押上〉～西馬込または〈泉岳寺〉～羽田空港第1・第2ターミナル間の運転）は、すべて京成車の運用だ。だからその見返りなのだろうか、芝山鉄道の車両（京成電鉄からのリース物件）は、自社線に入ることはあるものの、金町線や千葉線、千原線など京成線内列車への運用も多い。

　したがって、京成電鉄と芝山鉄道との

間にはなんとか「相互直通運転」という関係が成り立とうが、東京都交通局および京浜急行電鉄と芝山鉄道との間柄はなんとも表現がしづらく、あえて言葉を探すならば、"間接的「片直通運転」"とでもなろうか。

　このように、一部には芝山鉄道のように変則的な事例はあるが、異なる鉄道事業者・軌道経営者間の直通運転は、以上の「相互直通運転」と「片直通運転」に大別される。

　ついでに申せば、東急電鉄を介した相模鉄道と東京都交通局、東京メトロ、および東武鉄道、埼玉高速鉄道との直通運転も、後者4社局の車両は相模鉄道には入らないので「片直通運転」となり、東急電鉄とその4社局間ならびに東急電鉄と相模鉄道との間が「相互直通運転」の関係ということに整理できよう。なお、相模鉄道のいずみ野線ほかと東武鉄道東上本線間を直通する列車（湘南台～〈新横浜〉～〈渋谷〉～〈和光市〉～川越市間の運転など）には、相鉄車は運用されず東急車限定だから、相模鉄道と東武鉄道との間柄もかなり特殊な"間接的「片直通運転」"といえる。

2　相互直通とは違う「線路共用区間」

　ところで、よく相互直通運転と勘違いされやすいものに、異なる鉄道事業者間における同一線路の共用がある（「線路共用区間」）。

　東京の地下鉄絡みでは、すでにご案内済みの東京メトロ南北線・都営地下鉄三田線白金高輪～目黒間、北総鉄道北総線・京成電鉄成田空港線京成高砂～印旛日本医大間が該当する。

JR飯田線・名鉄名古屋本線共用区間の上り線を行くEF58＋12系和式客車と7000系パノラマカー

いずれも車両を走らせている（列車を設定している）鉄道事業者各々の営業線となっており、それぞれ個別に運賃設定も行っている。したがって、ある鉄道事業者の線路にほかの鉄道事業者の列車が乗り入れているわけではない。ただ単に、線路を共同で使用しているだけのことなので、くれぐれも勘違いされないように。

　もっとも、ご承知のように、線路共用区間における相互直通と片直通もある。東京メトロ南北線は埼玉高速鉄道および東急電鉄と、都営地下鉄三田線は東急電鉄と（加えて東急電鉄は相模鉄道と）、北総鉄道北総線は京成電鉄、東京都交通局（都営地下鉄浅草線）、京浜急行電鉄と、京成電鉄成田空港線は東京都交通局（都営地下鉄浅草線）および京浜急行電鉄と、阪神電気鉄道神戸高速線は山陽電気鉄道と相互直通運転の関係を持っており、阪急電鉄神戸高速線へは山陽電気鉄道が片直通運転を行っているので、混同混乱を起こしやすい。

　例に挙げた線路共用区間の線路施設の持ち主を整理すれば、白金高輪〜目黒間は東京メトロ、京成高砂〜印旛日本医大間は京成高砂〜小室間が北総鉄道、小室〜印旛日本医大間が千葉ニュータウン鉄道（第三種鉄道事業者）、豊橋〜平井分岐点間は下り線がJR東海、上り線が名古屋鉄道、七尾〜和倉温泉間はJR西日本、りんくうタウン〜関西空港間は新関西国際空港（第三種鉄道事業者）、高速神戸〜

　同一線路の共用の事例としては、ほかに、JR東海飯田線・名古屋鉄道名古屋本線豊橋〜平井分岐点間（平井分岐点は名鉄側では「小坂井駅構内分岐」とも呼称する。これはJR東海側の隣接する小坂井駅の構内扱いとされているため。なお、1963年12月までは「平井信号場」という独立した停車場だった）、JR西日本七尾線・のと鉄道七尾線七尾〜和倉温泉間、JR西日本関西空港線・南海電気鉄道空港線りんくうタウン〜関西空港間、阪神電気鉄道神戸高速線・阪急電鉄神戸高速線高速神戸〜新開地間、JR西日本伯備線・井原鉄道井原線清音〜総社間などがある。

　これらの区間では、たしかに同じ線路上を異なる鉄道事業者の車両がともに走っており、結果、相互直通運転のようにも見えなくはない。しかし当該の区間は、

新開地間は神戸高速鉄道（第三種鉄道事業者）、清音〜総社間はJR西日本といった具合。

3　日本の相互直通運転のあゆみ

■日本の直通運転事始め

前置きが長くなってしまったが、「相互直通運転」はもとより「片直通運転」にまで範疇を拡げて見た場合、異なる鉄道事業者・軌道経営者間における列車・車両の直通運転はいつ始まったといえるのだろうか。

常識的に考えて、2つ以上の鉄道事業者あるいは軌道経営者の路線が接していないと、異なる事業体間の列車・車両の直通運転は成立しない。したがって、1872（明治5）年にわが国初の営業用鉄道である官設鉄道（略して官鉄。1907年ごろまで国有鉄道はこう呼ばれていた）の新橋〜横浜間が開業した段階では、直通運転はまだない。

官鉄線は、1874（明治7）年に大阪〜神戸間も開業し、逐次、路線は京都方向へと延びていったが、東西の官鉄線はしばらくの間、線路がつながることはなく、互いに孤立した存在となっていた。

鉄道が開業して間もないころのことで、異なる事業者間の直通運転どころではないようにみえるが、東側の官鉄線に接続する私設鉄道（私鉄）ならば、かなり早い段階に誕生している。

1884（明治17）年に上野〜前橋間の路線を全通させ、さらにはその途中から分岐してはるか青森をめざして延伸を図りつつあった日本鉄道会社が、新橋〜品川〜横浜間の官鉄線と連絡するために建設した支線の赤羽〜池袋〜新宿〜品川間が

それだ。開業は1885年3月1日で、現在のJR東日本山手線の西側半分の前身となる。

建設目的が「官鉄線と連絡するため」だけに、この支線では開業当日から新橋〜品川〜赤羽間に3往復の官鉄直通列車が設定されていた。おそらくは、日本鉄道の車両と乗務員が官鉄線に一方的に乗り入れたものと思われるが、いずれにしても、これが鉄道における本邦初の直通運転とみて、まず間違いはなさそうだ。

しかし、初期の日本鉄道は、運転業務一切を官鉄に委託していたため、異なる事業体間の直通運転には違いないものの、乗務員にしてみれば、他社乗り入れといった意識があったかどうかは疑わしい。

■鉄道網の拡充と直通運転

さて、以降の明治期日本における鉄道だが、1906（明治39）年から1907年にかけて断行された主要私鉄の国有化までは、官鉄および五大私鉄と呼ばれた北海道炭礦鉄道、日本鉄道、関西鉄道、山陽鉄道、九州鉄道と、それに続く中堅どころの地方私鉄が幹線系線区を分担運営し、その他多数の小私鉄が地方の局地的な路線を担当するといった構図だった。

したがって、鉄道網が拡充するにつれ、客車や貨車が複数の鉄道事業者間をまたぐ直通運転が常態化していく。山陽鉄道（神戸〜下関間ほか）の急行列車や最急行列車が、官鉄線の京都〜神戸間に乗り入れた話などは有名だろう。現存する老舗私鉄の東武鉄道も、明治後期の一時期、亀戸から総武鉄道（初代）に乗り入れ、両国橋（現・両国）に列車を発着させていた。

むろん、片直通運転もあれば、相互直通運転もあったことだろう。ただ、昭和

国鉄伊東線の伊豆多賀付近を行く伊豆急100系。同社線開業時からの車両だ

国鉄長崎本線長崎駅で出発を待つ島原鉄道の気動車㊧

の高度経済成長期に大都市部において実現をみた地下鉄と郊外鉄道の乗り入れのような、多本数かつ体系だった相互直通運転の記録は残されていない。

■ 全国に点在していた直通運転

　鉄道国有化以降の直通運転はといえば、大正期から昭和戦前、そして昭和30年代ぐらいまでは、地方の中小私鉄の列車が国鉄線に乗り入れ、その地域の中心都市や中核都市まで行くといったもの、逆に国鉄の列車が著名な観光地や海水浴場を沿線に擁する地方の中小私鉄に乗り入れるケースが際だっていた。

事例を戦後に絞って並べてみても、前者の国鉄線に列車を直通させた中小私鉄は、定山渓鉄道（札幌へ直通）、常総筑波鉄道（筑波線列車が小山へ直通、同鉄道はのちに関東鉄道を経て筑波鉄道となる）、富士急行（現・富士山麓電気鉄道、新宿へ直通）、伊豆急行（熱海へ直通）、遠州鉄道（遠江二俣〔現・天竜二俣〕および遠江森〔現・遠州森〕へ直通）、田口鉄道（のちの豊橋鉄道田口線で、豊橋へ直通）、三岐鉄道（四日市へ直通）、有田鉄道（湯浅へ直通）、島原鉄道（小倉、博多、長崎、佐世保へ直通）、鹿児島交通（西鹿児島〔現・鹿児島中央〕へ直通）などが名を連ねる。

後者の国鉄列車の直通先も、定山渓鉄道、栗原電鉄、上信電気鉄道（現・上信電鉄）、茨城交通（現・ひたちなか海浜鉄道）、関東鉄道筑波線（のちの筑波鉄道）、銚子電気鉄道、秩父鉄道、富士急行（現・富士山麓電気鉄道）、長野電鉄、松本電気鉄道（現・アルピコ交通）、伊豆急行、伊豆箱根鉄道駿豆線、大井川鉄道（現・大井川鐵道）、田口鉄道（のちの豊橋鉄道田口線）、富山地方鉄道、北陸鉄道能登線、などなど枚挙にいとまがない。

■国鉄直通用の急行型気動車を導入した富士急行

これらの直通運転は、大多数が片直通運転だったが、なかには前者と後者に名を出す私鉄があるように、相互直通運転に発展したケースも散見される。

富士急行（現・富士山麓電気鉄道）の大月・河口湖線（大月〜富士吉田〔現・富士山〕〜河口湖間、旅客案内上などの公称は総称「富士急行線」を使用）には、前身の（初代）富士山麓電気鉄道時代から東京・新宿発着の国鉄電車が乗り入れていたものの、富士急ハイランド開設など沿線地

域の観光開発に力を入れる過程で、同社は1962（昭和37）年、電化私鉄にもかかわらず、わざわざ国鉄直通用の急行型気動車（ディーゼルカー）を用意し、相互直通運転に発展させている。このころは地方の私鉄も、まだまだ元気だったようだ。

国鉄からは「電車」が乗り入れてくるというのに、国鉄直通用車両が「気動車」とされたのは、直通区間の国鉄中央本線新宿〜大月間はすでに電化済みながら、富士急車の国鉄線内における連結相手の急行列車が気動車による運転だったからだ（当時は甲府以西がまだ非電化）。

■「何でもあり」の伊豆急行

以上の事例では、ほとんどのケースで直通列車の本数は限られたものだったが、伊豆急行だけはいささか趣が異なっていた。

1961（昭和36）年開業の伊豆急行線は、国鉄との相互直通運転を前提として東急の資本により建設された（将来的には国鉄が同線を買収することも可能という条件で敷設免許が下付された）。このため、その初期段階から相当数の直通列車が存在していた。

伊豆急の電車は国鉄伊東線に乗り入れて熱海に発着したほか、国鉄電車による東京〜伊豆急下田間の直通準急列車なども、開業当日から運転されている。

こうした国鉄からの地方私鉄への直通運転では、国鉄の運用車両は形式がかなり限定的となるものだが、伊豆急の場合は何でもありで、現在にいたるまで、伊豆急行線には、ありとあらゆる国鉄〜JR東日本の車両が入線している。EF58形、EF65形、EF64形といった国鉄の電気機関車が「客車」（一般的な座席車のほかに和式客車や欧風客車などもあった）を

さまざまな国鉄車両で賑わった 伊豆急行線

上段は伊豆急下田駅で出発を待つ国鉄185系、伊豆急100系、国鉄ＥＦ58＋81系和式客車。中段は河津駅で行き違う伊豆急100系と国鉄153系。下段は伊豆急下田駅で出発を待つ国鉄185系とＥＦ58＋14系欧風客車

片瀬白田付近の海岸線を行く、上から伊
豆急100系、国鉄167系、国鉄EF58＋14
系客車

東武東上線から秩父鉄道へは三峰口行特急「ちちぶ」や上長瀞行特急「ながとろ」などが乗り入れた

他鉄道から乗り入れた列車で賑わった歴史を有する秩父鉄道

三峰口駅で折り返し待機中の過ぎし日の東武鉄道8000系

上長瀞駅で折り返し待機中の国鉄キハ35形は高崎からの「八高秩父路」

秩父夜祭りの日に秩父駅に到着した国鉄165系による上野からの臨時列車

現在の秩父鉄道へは西武鉄道からの直通列車が運転継続中だが、右の101系の乗り入れはすでに無く、左中の4000系のみ

牽いて乗り入れていた時期もあり、じつに異例の相互直通運転といえる。

高山本線を行く名鉄キハ8000系の特急「北アルプス」

■近畿日本鉄道と名古屋鉄道の相互直通運転

ここまでに例を挙げた国鉄が絡む直通運転以外にも、戦後の大手私鉄絡みで、東武鉄道東上本線（旅客案内上は「東上線」）列車の秩父鉄道への片直通運転（寄居から上長瀞、三峰口へ直通）、相模鉄道の小田急電鉄への片直通運転（海老名から本厚木へ直通）などの事例がある。

意外なのは、団体臨時列車に限られるも、近畿日本鉄道と名古屋鉄道が相互直通運転を行っていたという事実だ。戦後の一時期には、近畿日本名古屋（現・近鉄名古屋）と新名古屋（現・名鉄名古屋）両駅の間に連絡線が設けられていたという。近鉄名古屋線は現在、標準軌（1435mm軌間）を採用するが、1959（昭和34）年以前は名鉄や国鉄在来線などと同じ狭軌（1067mm軌間）だったからこそできた相互直通だ。

名鉄電車といえば、自社の豊川線ができる以前は、国鉄飯田線に乗り入れて（名古屋本線の伊奈と飯田線の小坂井を結ぶ連絡線を経由）豊川や、その先の本長篠、さらには田口鉄道線（本長篠～三河田口間）に分け入って鳳来寺などにも顔を出していた。そして、名鉄に乗り入れた近鉄の団体列車までもが、国鉄飯田線に入り豊川までやって来たという記録が残っている。じつに大らかな時代だった。

■名古屋鉄道の高山本線への乗り入れ

上記の名鉄のケースのように、大手私鉄の列車が観光客輸送を目的に国鉄線へ乗り入れた事例はほかにも若干ある。南海電気鉄道、小田急電鉄の国鉄直通列車

がその例だが、また一方、名古屋鉄道においても飯田線以外に、高山本線にも直通列車を運転していた。

名鉄の高山本線直通列車は、神宮前～〈新鵜沼＝鵜沼〉～高山・飛騨古川間の準急（→急行）「たかやま」および神宮前・新名古屋～〈新鵜沼＝鵜沼〉～高山・飛騨古川・富山・立山間（立山発着時は富山～立山間富山地方鉄道直通運転）の急行（→特急）「北アルプス」で、車両はこれもわざわざ名鉄が「気動車」を用意のうえ運行していた（名鉄から国鉄への片直通運転）。

なお、名鉄における高山本線への直通運転は、戦前の名岐鉄道時代にも実績があり、当初は同社の「電車」が運用されたが（高山本線内は蒸気機関車牽引の客車列車に連結）、名古屋鉄道となってからは鉄道省（戦前当時の国有鉄道の運営母体）の「客車」が用いられた。名鉄線内は「電車」が鉄道省の「客車」を牽いたという。

■南海電気鉄道の紀勢本線への乗り入れ

南海電気鉄道の紀勢本線直通運転（南紀直通）も、電鉄である私鉄側がわざわざ「気動車」を用意して実現させた事例だ（直通開始当時、紀勢本線が未電化だったため）。

国鉄紀勢本線岩代〜南部間を行く南海電気鉄道の気動車キハ5501形＋キハ5551形（手前の2両）

南海の気動車は最末期まで南海線内で列車愛称版を掲げていた（「回送」の種別版にまで列車愛称が記されていた）

運転区間は難波～〈和歌山市〉～白浜・新宮だった。列車種別は準急から急行へと変化していくが、列車名は国鉄紀勢本線内で天王寺発着の国鉄列車と併結となる関係から、国鉄側と同名の「南紀」「くろしお」「きのくに」などいろいろ存在し、最終的には急行「きのくに」に統一されていった。

本件も、原則は私鉄側からの片直通運転ながら、戦後、南海電気鉄道が直通運転を始めた当初は国鉄の「客車」を使用し、以降も車両が不足した際には国鉄から「客車」を借りた。

ただし、じつは南海側も当初は「客車」を用意して直通運転に臨んでおり（厳密には「客車」もどきの「電車」の付随車で、南海線内は「電車」の電動車が牽引）、「気動車」投入後もこの「客車」がしばらく併用された（「客車」使用の直通列車は、末期には夜行・昼行問わず普通列車となったが、「気動車」使用の準急・急行列車ともども南海線内は特急の扱いだった）。

余談になるが、こうした南海の南紀直通列車は、戦前の南海鉄道時代にもあった。阪和電気鉄道（阪和天王寺～阪和東和歌山〔現・和歌山〕間の私鉄で、国鉄〔→JR西日本〕阪和線の前身）の阪和天王寺発着の列車と南海鉄道の難波発着列車が紀勢西線（現・紀勢本線）内で一緒となり（併結運転）、白浜口（現・白浜）を結んでいたのだ。

なお、阪和天王寺発着、難波発着の双方ともに車両は鉄道省の「客車」が使われていた（どちらも社線内は「電車」が牽引）。つまり、国鉄から私鉄への片直通運転の事例に分類されよう。

■小田急電鉄の御殿場線への乗り入れ

戦前には実績がなく、戦後の新企画として産声をあげたのが小田急電鉄の国鉄御殿場線への片直通運転だ。こちらも運転開始時は、まだ御殿場線が電化をなしていなかったため、小田急電鉄はわざわざ「気動車」を用意した。

小田急はさらに、松田付近の自社小田原線と国鉄御殿場線の交差部に、自らの費用負担で直通運転用の連絡線を設けるといった気合いの入れようだった（連絡線は新松田駅の手前で小田原線より分岐、国鉄松田駅に至るというもので、現存している）。

小田急の列車が御殿場線乗り入れを果たすのは、1955（昭和30）年10月のこと。新宿～〈松田〉～御殿場間に設定された特別準急列車（御殿場線内の種別は準急）がそれだ。この直通運転では、乗務員も小田急社員が御殿場まで乗り入れ、国鉄線内も運転を担当した。私鉄の車両が私鉄の乗務員の運転によって国鉄線に直通するといった運転形態は、地方の中小私鉄で例はみられたものの、大都市近郊の電鉄では初めてのケースで、まさに画期的な出来事だった。

あまりにも画期的すぎたのか、国鉄側がOKを出すまでにだいぶ時間がかかっている。小田急電鉄が国鉄総裁に乗り入れの許可申請を行ったのは1952（昭和27）年8月だから、実現するまで3年も要したことになる（1965年8月運転開始の名鉄の「気動車」による国鉄高山本線直通列車も、鵜沼～美濃太田間に限り国鉄線内を名鉄の乗務員が運転した）。

小田急が何かと官僚的な国鉄を口説いて、連絡線まで作り、「気動車」も用意して直通運転を推し進めたのは、やはり御殿場周辺、富士裾野の観光開発や、御殿場から箱根外輪山の長尾峠や乙女峠を越えて仙石原に至る箱根観光の周遊コー

国鉄御殿場線は山深い相模・駿河国境の谷峨〜駿河小山間を行く小田急3000形SSE車急行「あさぎり」

（左上）御殿場線の谷峨駅で行き違うJR東海115系と急行「あさぎり」
（右上）御殿場線駿河小山駅にて待機中のEF58工臨と急行「あさぎり」の出会い
（左下）御殿場線の裾野駅で行き違う沼津まで運転時代の特急「あさぎり」。左からJR東海371系、小田急20000形RSE車
（右下）連絡線を通り御殿場線の松田駅に進入する小田急60000形MSE車特急「あさぎり」。MSE車は地下鉄千代田線にも乗り入れる特急車だ

東武鉄道鬼怒川線の小佐越駅で行き違うJR東日本253系の特急「きぬがわ」と東武100系スペーシア

スの形成に大きな旨味を感じたからだろう。私鉄が自社沿線の外に飛び出し、積極的に観光開発を行った時代だ。

　小田急の御殿場線直通は、同線電化後、ロマンスカー（SSE車）の乗り入れに代わり、列車種別も連絡急行となる。これは国鉄における準急という列車種別の廃止に関連した措置で、御殿場線内の種別は急行となった次第（お察しのとおり、名鉄、南海の国鉄直通列車も同様の経緯をたどっている。なお、SSE車投入時より列車名をそれまでの「銀嶺」「芙蓉」「朝霧」「長尾」から「あさぎり」に統一した）。

　そして、国鉄分割民営化後の1991（平成3）年3月、小田急とJR東海双方が新直通特急車を開発投入、特急による相互直通運転の形態へと変貌する。この段階で運転区間を新宿〜〈松田〉〜沼津間に拡大、乗務員も松田でJR東海の人と交代するようになった。

　ただ、バブルがはじけて日本経済の低迷が長期化すると、末端区間の御殿場〜沼津間の利用不振が続く。2012年3月17日改正では、JR東海車の運用がなくなり、小田急の片直通運転に戻る。そして、運転区間も新宿〜〈松田〉〜御殿場間となり旧に復したが、乗務員の松田交代はそのまま継続し、2018年3月17日のダイ

ヤ改正で列車名が「あさぎり」から「ふじさん」へと改められた。

　名鉄の高山本線直通、南海の紀勢本線直通が過去帳入りするなか、小田急の御殿場線直通が現存していることは、なんとも心強い。列車名の改名は、インバウンド需要の増加に期待をかけてのことなのだろうか。

■JR東日本と東武鉄道による直通特急

　JRと大手私鉄との直通運転による観光特急は、平成の世に入ってからも新たに誕生している。ご存じ、新宿と東武日光、鬼怒川温泉とを結ぶ東武直通特急だ。JR東日本と東武鉄道との相互直通運転によるもので、2006（平成18）年に始まった比較的新しい事例だ（定期列車は新宿〜〈栗橋〉〜東武日光・鬼怒川温泉間を運転、JR東日本車、東武車の双方を使用）。

　かつては日光をめぐってライバル関係にあった国鉄と東武だが、国鉄の生まれ変わりといえるJR東日本が東武と手を組むとは、夢にも思わなかった。まさしく青天の霹靂、昨日の敵は今日の友だ。

　東京西部地域からの観光客を日光・鬼怒川温泉へと送り込みたかった東武と、鬼怒川温泉付近の観光施設を自社主催国内旅行商品（びゅう国内旅行商品）などに組み込みたいとするJR東日本の思惑が合致し誕生したこの直通運転は、かつて盛んだった観光型直通運転の21世紀版ともいえそうな存在だ。

4　通勤・通学と直通運転

　話がどうも散漫となりつつあるので、地下鉄と郊外鉄道との相互直通運転に代表される大都市とその周辺部の通勤・通

学輸送を目的とする鉄道・軌道に絞って、直通運転の歴史を少し振り返ってみよう。

本分野での本格的な相互直通運転は、1960（昭和35）年に始まった都営地下鉄1号線（現・浅草線）と京成電鉄とのそれを草分けとするのが通説だが、これ以前には事例はなかったのだろうか。

地下鉄絡みでは1939（昭和14）年に東京地下鉄道と東京高速鉄道が相互直通運転を開始しているが（浅草～〈新橋〉～渋谷間において実施、乗務員は新橋で交代せず、双方ともに相手線内まで乗り入れた）、これは都市部の地下鉄同士の事例であって、後年に展開される地下鉄と郊外鉄道との相互直通運転とは性格を異にしている。お察しのとおり、東京地下鉄道と東京高速鉄道の路線は、現在の東京メトロ銀座線の前身だ。

では、やはり1960（昭和35）年以前には、都市部の路線と郊外路線との直通運転はなかったのだろうか。東京、名古屋、大阪について探っていくと、それぞれに小規模ながらも近似の事例を見出すことができる。

まず東京では、大正後期から昭和初期にかけて、路面電車の東京市電と京浜電気鉄道（現在の京浜急行電鉄の祖）が、品川付近の八ツ山～高輪間というごくわずかな区間で軌道を共用し、双方が電車を乗り入れさせている。ただ、これを相互直通運転といってしまえばそうかもしれないが、実態は「線路共用区間」に近いものだったように思われる。

名古屋については、1922（大正11）年から1941（昭和16）年にかけて、名古屋鉄道（初代）→名岐鉄道→名古屋鉄道の電車が、名古屋市電の押切町～柳橋間に乗り入れていた（片直通運転）。ただ、市電の上記区間は、もともとは名古屋鉄道

（初代）の祖といえる名古屋電気鉄道が敷設・運営していたもので、当該区間を名古屋市電気局（名古屋市交通局の前身）に譲渡する際、既得権の保持という観点から名古屋鉄道との二重免許区間にされたという経緯がある。したがって、片直通運転というよりは、こちらも「線路共用区間」に類似する事例だったといえそうだ。

大阪では、明治最末期のころに浪速電車軌道譲りの南海鉄道の軌道線（現在の阪堺電気軌道上町線。なお、以前にも少しふれたが、南海鉄道は今の南海電気鉄道の祖となる存在）の電車が軌道共用契約に基づき、天王寺（天王寺西門前）から大阪市電の天満橋南詰まで直通していた事例がある。が、これも右にならえで「線路共用区間」に相当する形態と捉えられよう。

やはり、大都市とその周辺部における通勤・通学輸送を目的とする鉄道・軌道の本格的な直通運転の歴史は、1960（昭和35）年12月4日に実現した都営地下鉄1号線（現・浅草線）と京成電鉄とのそれが事始めとなるようだ。

都市部における通勤・通学鉄道の本格的相互直通運転の歴史は都営地下鉄1号線と京成電鉄の事例にはじまる

第❷章 地下鉄と郊外鉄道との相互直通運転が盛んな理由

1 大手私鉄による都心への乗り入れ

■本邦初の都市型相互直通運転

　本邦初ともいえる都営地下鉄1号線と京成電鉄との列車の相互直通運転は、既述のとおり1960（昭和35）年12月4日、浅草橋〜〈押上〉〜東中山間において始まった。

　こうしたプロジェクトが日の目を見たのは、東京都交通局と京成電鉄がすごく仲良しで、両社局が自発的に関係を結んだということではない。じつは、都市鉄道整備の一環として運輸省（現在の国土交通省の前身）が音頭をとり、推し進めた国策の実現第1号なのだった。経緯はこうだ。

　ご存じのように、戦前の東京には、民間企業の東京地下鉄道と東京高速鉄道が建設した地下鉄路線（現在の東京メトロ銀座線）があった。そしてこれとは別に、両社と京浜地下鉄道（東京地下鉄道と京浜電気鉄道の合弁会社）と東京市が保有する未着工の地下鉄免許線が存在した。この2つを引き継いだのが、「帝都高速度交通営団」（略称「交通営団」「営団地下鉄」）だ。

　交通営団は1941年3月に制定された「帝都高速度交通営団法」を根拠として同年7月に設立された戦時色の強い国の特殊法人だが、戦後、解体を免れ、政府の資金運用部資金（のちの財政投融資資金）を使いながら、東京復興の1つのシンボルとして、地下鉄丸ノ内線の建設に邁進していくことになる。

　この資金の運用先が公共団体に限られていたことから、同線着工前には、交通営団の民間資本の排除も行われ、出資者を政府（国鉄）と東京都のみに限定するという体質改善も断行された。

　これにより、交通営団発足時に出資者として名を連ねていた私鉄——東武鉄道、京成電気軌道（京成電鉄の前身）、東京横浜電鉄（東京急行電鉄→東急電鉄の前身）、京浜電気鉄道（京浜急行電鉄の前身）、小田急電鉄、京王電気軌道（京王帝都電鉄→京王電鉄の前身）、（旧）西武鉄道、武蔵野鉄道（現在の西武鉄道の前身で旧・西武鉄道を吸収合併する）——も排除されることになった。

■大手私鉄による都心乗り入れ免許申請

　このような私鉄資本の排除が面白くなかったのか、あるいは不安に感じられたのかは定かでないが、1948（昭和23）年から1955年にかけて、京成電鉄、東武鉄道、京浜急行電鉄、東京急行電鉄（現・東急電鉄）、小田急電鉄、京王帝都電鉄（現・京王電鉄）の各社は、都心部延長路線——すなわち山手線の内側、都心への自社線乗り入れに関する免許申請を相次いで運輸省に提出する。

　復興と産業構造の変化に伴う首都圏への人口集中から、山手線と都電（路面電車）、地下鉄との乗り換え客でパンク寸前となったターミナル駅の混雑緩和が目的の第一義とされたが、自社の営業テリトリー拡大によるさらなる社業発展を目

論んでの作戦だったことは想像に難くない。一方、交通営団を廃止して東京の地下鉄を一元的に整備・運営したいと願う東京都にも、都心部鉄道路線の免許申請を行う動きがあったなど（1956年に申請）、話はだんだんとややこしさを増していった。

ちなみに東京都は、戦後、内務省や衆議院の賛同を得ながら地下鉄の都交通局への経営移管を主張、衆議院の各派が共同で作成した「帝都高速度交通営団法廃止に関する法律案」も国会提出寸前までいくが、運輸省の強固な反対と妨害工作により交通営団は存続する。

帝都東京の地下鉄を計画的かつ一元的に整備・運営させるために国がこしらえ、戦後もその目的を果たさせるため強引に温存された交通営団があるというのに、私鉄各社や東京都交通局が勝手に都心に路線を建設してしまっては、計画も秩序もあったものではない。

そこで事態収拾を図るため、運輸大臣の諮問機関として都市交通審議会を1955（昭和30）年に設置、「大都市およびその周辺における交通、特に通勤通学時における旅客輸送力の整備増強に関する基本的計画について」が諮問に至る。以降、東京の地下鉄建設は同審議会の答申をもとに進められていくこととなるのだ（のちに運輸政策審議会の答申へと移行する）。

■秩序だった都心部交通網の構築

この都市交通審議会の第1号答申が1956（昭和31）年に出される。そのなかの「昭和五〇年を目標年次とする東京圏における鉄道整備の基本計画」において、東京の地下鉄は5路線（開業線を含む）とすることが示されたが、これに加えて2つの画期的な提言もなされていた。

1つは、地下鉄の建設・運営を交通営団に限定せず、それ以外の者（東京都など）にも分担させるのが望ましいとするもの。そしてもう1つは、地下鉄と郊外私鉄との相互直通運転を実現させるべき、というものだった。

前者は、東京の地下鉄整備をすみやかに達成するため、交通営団以外にも建設参入の門戸を開いた画期的な提言だ（のちに運賃面などから1都市2事業者体制の地下鉄運営は問題となっていくが）。結果、第1号答申に示された地下鉄5路線のうち1号線については、東京都交通局が晴れて建設・運営主体となった。まさに都の悲願達成だ。

この地下鉄5路線は1957（昭和32）年6月17日に「東京都市計画高速鉄道網」として正式に建設省から告示される。なお、以降、都市交通審議会の数次にわたる答申に基づき、東京圏の地下鉄は1号線から13号線までを擁する大路線網に発展する。

私鉄各社による都心部延長路線乱立を阻止し、秩序だった交通網を構築する切り札と目される地下鉄と私鉄など郊外鉄道との相互直通運転に関しても、既存の3号線（銀座線）と4号線（丸ノ内線）は構造上の問題（主に集電方式）から見送られたものの、1号線、2号線、5号線については相互直通相手が指名された。新たに建設する1号線（現・浅草線）は京成電鉄と京浜急行電鉄が、2号線（日比谷線）は東武鉄道と東京急行電鉄が、5号線（東西線）は国鉄（中央本線）という具合だ。

これ以降、東京の地下鉄路線は、環状線の12号線（大江戸線）を除き、生まれる前から相互直通相手が定められているのが当たり前となっていく。

さて、右の答申を受けた運輸省は、学識経験者からなる列車直通運転技術委員会を組織、相互直通に伴う技術的問題を諮問し、その答申を得る。そして（建設省による告示直前の）1957（昭和32）年6月13日、交通営団、東京都交通局、東武鉄道、東京急行電鉄、京成電鉄、京浜急行電鉄の各社局代表者を運輸省に招き、事務次官より相互直通運転に係わる指示事項が伝えられた（都交通局の『都営地下鉄建設史――1号線』では、事務次官は指示事項〔資料1：164頁〕を手渡したとするが、交通営団の『東京地下鉄道日比谷線建設史』では、事務次官は口頭をもって指示、運輸省の文章による正式指示〔資料4：169頁〕は同年9月30日に行われたと記されている）。

これに加えて、各者協議のもと、直通区間、運行計画、工事施行計画などの大綱を1ヵ月程度で決定し、結果を運輸省に提出するようにとの指示もなされた。

まあ、いわば「お上が一方的に決めた婚姻話」だが、公共性の高い鉄道事業ゆえに、関係各者も同意せざるを得まい。この日こそが、のちに東京名物ともなる（？）地下鉄絡みの相互直通運転における歴史の第1頁目が開かれた記念すべき日、といっても過言ではなかろう。

なお、資料1・資料4の指示事項にもあるとおり、私鉄各社による都心部延長路線の免許申請は、相互直通運転計画と引き替えに、すべて取り下げられることとなる。

■大阪における相互直通運転

このように東京では、官（運輸省）の強力な働きかけによって地下鉄と郊外私鉄との相互直通運転が実現をみた。一方、民都大阪でも都市鉄道整備について同様

の構想があったのだが、東京ほどコトはうまく運ばなかった。

市営による市内交通の一元的経営を強行主張した、大阪市のいわゆる「市営モンロー主義」が影響したのか、それともほかの鉄道事業者とはあまり協調したがらなかった在阪私鉄各社のかつての気質が壁となったのかは定かではないが、地下鉄と既存の郊外私鉄線との相互直通運転は、結局のところ6号線（堺筋線）と京阪神急行電鉄→阪急電鉄の千里線・京都本線にかかわる案件しか日の目をみていない（北大阪急行電鉄南北線、近畿日本鉄道けいはんな線は既述のとおり、実質は地下鉄の延長線）。

その代わりというのもなんだが、近畿日本鉄道や京阪電気鉄道に見られる私鉄自身による都心部延長路線が実現している点も東京にはない特徴といえる。やはり民が強い大阪なのだろうか。

2 6社局による協議

■協議のスタート

話を戻せば、1957（昭和32）年6月13日に運輸省の指示を受けた関係6者は、当然ながら相互直通運転に関する諸々の協議を行っていく。

交通営団は6月25日に東武鉄道と、少し遅れて7月16日に東京急行電鉄と、それぞれ首脳者会議を開き、構造物の諸規格、接続駅、直通区間、直通車両、工事施行、建設費の6項目について大綱の協議を実施。9月24日には当該3者間で相互直通運転を行う意思確認ともいえる覚書（資料2：165頁）を取り交わし、同日に運輸省に提出した。

一方の東京都交通局、京成電鉄、京浜

急行電鉄のグループも、6月21日開催の首脳者会議を皮切りとして、事務当局による具体的協議を経て、8月21日の首脳者会議で、営団・東武・東急グループに先んじて3社局間での覚書（資料3：167頁）を交換し、同覚書を運輸省に提出した。

この両グループの覚書提出により、地下鉄1号線（都営1号線）および2号線（日比谷線）における郊外私鉄線との相互直通運転は決定事項となり、これを受けて運輸省は9月30日、その実現に必要な事柄を関係6者に対し文書で指示（資料4：169頁）した。

6月13日の段階では、運輸省は6者に大綱を1ヵ月程度で決定のうえ提出せよと指示しているが、両グループともに覚書提出がいくぶん遅れたのは、各者間にそれなりの意見対立があり、調整に時間を要したことが推察できる。

■紛糾する協議

各者間の協議は、運輸省の文書による正式指示以降、実務者レベルのものとなってゆき、コトによってはもめに揉めたこともあったらしいし、首脳者会議でも意見の相違はいくつかみられたという。

それはそうだろう。公益性の高い国の特殊法人である交通営団、地方公共団体の地方公営企業である東京都交通局に対し、東武、東急、京成、京急はまったくの民間、利潤追求を旨とする営利企業だ。この体質の違いだけでも十分に揉めそうだ。

(1) 2号線（日比谷線）

首脳者会議段階での意見対立の具体例としては、2号線グループの場合、東武は直通列車の運転区間を伊勢崎線杉戸（現・東武動物公園）までと主張したのだ

東武伊勢崎線における日比谷線直通列車の運転区間は当初、北越谷までだった

が、実際には北越谷までとなった点があげられようか（のちに北春日部まで、東武動物公園まで、さらには南栗橋までと段階的に延長されていく）。

東武としては列車の運行上、北越谷折り返しではどうも中途半端に思えたのかもしれないが、営団にしてみれば、当時はまだまだ牧歌的な景観の続く春日部や杉戸まで地下鉄が乗り入れても、さして意味はないと考えたのかもしれない。

なお、①相互直通運転は営団〜東武間、営団〜東急間それぞれの間に限ること、②相互直通列車は各駅停車運転とすること、などの運転形態でいくことも、この段階で確認されたようだ。

(2) 1号線（都営1号線）

かたや1号線グループでも第1回首脳会議において、①都営線内を通過して京急と京成が相互乗り入れすることはない、②乗り入れ、乗り出しについては通勤・通学難の緩和が主目的であって、長距離遊覧を対象とするものではない、といった運転形態を確認したのだが（この確認事項自体、こと都営1号線に関しては、以降の運転形態の変遷を見るかぎり、まるで意味を成さなかったことがよくわかる）、以後の協議では直通区間、運行計画について相当に議論紛糾する。

都営1号線絡みの直通列車では早い段階で「特急」「急行」が設定される

たとえば、都交通局は京成・京急線内の東京都交車使用列車の折り返し駅（東中山、京浜川崎〔現・京急川崎〕、羽田空港が候補）で、私鉄車を使用する地下鉄直通列車も折り返すべきと主張した（日比谷線関係はかかる運転形態となった）。これに対して京成と京急は、自社車両に限り、それ以遠からの地下鉄直通を認めるべきだと反論するのだった。

都交通局・京成・京急3社局の覚書（資料3：167頁）と交通営団・東武・東急3者の覚書（資料2：165頁）を見比べると、相互直通区間（相互乗入区間）の表記において、前者は「一応」という言葉を前付けしている。京成、京急が主張する列車設定が可能となる余地を残した結果ではなかろうか。

■営団と都交通局のスタンスの違い

ところで、地下鉄と郊外鉄道の相互直通運転は「通勤・通学難の緩和が主目的」とする見解だが、これは都市交通審議会の答申目的がそのためであることに起因する運輸省側の意志であり、国の特殊法人たる帝都高速度交通営団は、以降もこれに従順な姿勢をとり続けていく。

ご承知のとおり、営団時代、日比谷線やその後に建設された千代田線や有楽町線などの地下鉄路線の相互直通運転では、観光地などへの行楽列車の運転が積極的に行われてこなかった。小田急の特急ロマンスカーが千代田線へ乗り入れるなど、昔は想像すらできなかった。

一方の東京都交通局側は、先の堅苦しい見解にはあまりこだわらず、都営1号線と京急との相互直通運転開始直後の1969（昭和44）年の大晦日には、京急車を使用する三浦海岸〜京成成田間の初詣特急「招運」号を運転している。これが

契機となって、春・秋の行楽シーズンや夏の海水浴シーズンに京急車、京成車による三浦海岸〜京成成田間、逗子海岸〜京成成田間の行楽特急列車が数年にわたり運転されるようになった。

夏の運転では、朝方、京急線に入った京成車が、夕方に京成線へ戻る列車に充当されるまでの間、京急線内の逗子海岸〜品川間で間合運用に精を出す光景なども見られたから、当初から発想・対応がじつに柔軟だったといえる。

■もしも直通運転がなかったら

まあ、いろいろあったようだが、1960（昭和35）年12月の都営1号線と京成押上線・本線との相互直通運転開始を振り出しに、1962年5月には日比谷線と東武伊勢崎線が、1964年8月には日比谷線と東急東横線が、1968年6月には都営1号線と京急本線で、それぞれ相互直通運転を開始する。

東京名物、地下鉄と郊外鉄道との相互直通運転の、まさに幕開けだった。

だが、そうせざるを得なかった日本の首都における切羽詰まった事情を慮れば、はたして"東京名物"などと自慢してよいものかどうか、いささかの迷いが生じる。

当初、在京私鉄各社が都心直通路線を企画したのは、戦後復興と産業構造の変化から首都圏への人口集中が加速して、結果、山手線や都電、地下鉄との乗り換え客でターミナル駅がパンク寸前となったことが一因だ。

このことが間接的に、のちに地下鉄と郊外鉄道との相互直通運転を実現させるのだが、要するにわが国の首都圏は、人口が過密になりすぎて仕方がないというわけで、こういう状態がはたして世界各国に誇れるものなのかどうか、一抹の疑問を抱かずにはいられないのは筆者だけだろうか。

仮に、地下鉄と私鉄や国鉄（→JR東日本）との直通運転が行われなかったならば、いったいどうなっていたことか。乗り換えターミナル駅のホームや階段・通路は、毎朝、人で溢れかえり、怪我人が続出したに違いない。

たとえば、地下鉄日比谷線と東武伊勢崎線（東武スカイツリーライン）の発着ホーム分離という大改築を行う前の北千住駅などは、ほんとうに危なっかしかった。

現在は前者のホームが3階で、後者のホームは1階だが、改築前は日比谷線と伊勢崎線が1階の同一ホームで対面乗り換えとなっていた。

このため、毎朝、館林、新栃木、杉戸（現・東武動物公園）方面から東武の準急列車（浅草行）が到着すると、ホームは日比谷線に乗り換えようとする人で常に埋め尽くされていた。線路に人が落っこちないのが不思議に思えるくらいで、就任早々の運輸大臣（当時）は必ず北千住駅に視察に訪れていたほどだ。

もちろん、東武伊勢崎線から日比谷線へは、当時でも直通の普通列車が多数運転されていた。にもかかわらず、大混乱が生じていた。車内が超満員の状態で北千住に到着する北春日部、北越谷、竹ノ塚始発の伊勢崎線からの日比谷線直通普通列車が2〜3本続いたあとに、北千住始発の日比谷線が1本入るといったパターンだったため、準急列車から日比谷線に乗り換えようとする乗客がホームに溢れかえる事態となっていたのだ。

もしも、東武と日比谷線の直通運転が行われていなかったならば、地獄絵図と化していただろう。東武沿線の庶民は毎朝、命がけの通勤を強いられていたはず

右は北千住駅にて日比谷線へと進入する営団3000系使用の東武線からの直通列車。左は浅草駅発着の地上列車に運用される東武8000系、中は日比谷線に乗り入れた東急7000系で、これは東武線へ直通することはなかった

で、考えただけでも寒気がする。

　もっとも、この東武伊勢崎線のケースは、地下鉄日比谷線と相互直通運転を行ったがために生じたものだともいえる。それまで雑木林に囲まれた旧家や寺社仏閣が田園や畑のなかにポツポツと点在するのどかな景観だった沿線は、大規模団地の建設など急速な宅地化をむかえて通勤客が大激増し、その数は当初の予想をはるかに超え、北千住駅が容量オーバーに至ったという次第（相互直通運転開始前、日比谷線においては、東武伊勢崎線側よりも東急東横線側からの直通旅客が多い

と想定されていた）。

　不動産販売会社の"地下鉄日比谷線で都心まで一本、楽々通勤!! "などのセールス・コピーにだまされて（?）伊勢崎線沿線に居を構えた人々のご苦労が忍ばれよう。

　なんだか話が、ニワトリとタマゴの関係に近いものとなってきたが、ともあれ、東京の鉄道網が相互直通運転を必要とした背景には、やはり過度の人口の東京一極集中という問題があったことは確かなようだ。

1 まずは規格の統一から

　資本関係のまったくない異なる会社間において、何か共同で物事を成そうとする場合、あらかじめ諸々の点について事細かに取り決めておかなければ、のちのちトラブルの元となる。列車の直通運転も同様だ。

■相互直通のために改軌した京成

　前項の帝都高速度交通営団、東武鉄道、東京急行電鉄の3者、および東京都交通局、京成電鉄、京浜急行電鉄の3社局による相互直通運転に関しての首脳者レベルでの覚書にも、いくつかの取り決めごとが示されている。そのひとつに「軌間」という項目がある（資料2・3：165頁、167頁）。

　前者では1米067、後者は1米435と記されている。

　ご承知のように「軌間」（ゲージサイズ）とは、1つの線路に敷かれた2本のレールの間隔（より正確に記せば2本のレールの頭部内面間）のこと。鉄道とは、まさに「鉄道」で、この線路を構成する2本の鉄製レールが万事の根幹をなしている。当然、列車を直通させようとすれば、軌間統一は絶対条件となろう。すでに述べたように、戦後の一時期に行われた近畿日本鉄道名古屋線と名古屋鉄道との団体臨時列車に限った相互直通運転は、今とは異なって両者の線路の軌間がともに狭軌で統一されていたからこそ出来た芸当だった。

　さて、地下鉄日比谷線では、東武と東急が国鉄と同じ狭軌の1067mm軌間を用いていたため、軌間は難なくそのサイズに決まった。ところが、都営1号線（現・浅草線）のほうは、軌間決定に一悶着あった。

　というのも、京急が世界標準軌の1435mmを採用していたのに対し、京成は1372mmという、やや特殊な軌間だったためだ（1372mm軌間は明治期の馬車鉄道が好んで用いたゲージサイズで、後年は、同鉄道を起源とする東日本の路面電車〔軌道線〕や、新設軌道が主体ながら法規上は「軌道」とされる私鉄線に数多く見られた。代表例としては、東京都電があげられよう。京成電鉄の主要路線も、前身の京成電気軌道という社名からおわかりのように、「軌道」からスタートした）。

　すったもんだの協議の末、1372mm軌間は（法規上の）「鉄道」としては特殊ゆえ、京成が1435mmに改軌することで話は決着をみた。このため京成は全線を11の工区に分け、1959（昭和34）年10月9日の夜から12月1日の朝にかけて、営業運転を行いながら順次、改軌工事を行っていくことになる。地下鉄との相互直通運転の準備も楽ではない。

■大阪市営地下鉄・阪急・南海による相互直通の夢

　こうした軌間統一の問題は、大阪市営

地下鉄6号線（堺筋線）でも出てきた。同線は、南海電気鉄道および京阪神急行電鉄（現・阪急電鉄）の都心部延長路線と大阪市の地下鉄路線が3者競願となったことを受け（南海の出願が最初で、3者ともに堺筋の地下を通る計画だった）、その調整の仲介者たる都市交通審議会の答申により、阪急の千里線および南海の高野線との相互直通運転を前提に計画された路線だった。

　ここで難題と目されたのが、阪急が1435㎜軌間なのに対し、南海は1067㎜軌間という点。おまけに架線（電車線）電圧も、前者は直流1500Vなのに対し、後者は当時、直流600Vと異なっていた。大阪市側は高野線の改軌・昇圧を希望したが、南海はこれを拒否。結局、大阪陸運局の行政指導により6号線は標準軌・1500Vの規格に決定した。現在のOsaka Metro堺筋線が阪急のみとの相互直通運転に留まっているのは、ご承知のとおり。

■ **路線によって軌間が異なる地下鉄**

　都営地下鉄10号線（開業時には都営新宿線の線名が与えられた）と京王帝都電鉄（現・京王電鉄）との相互直通運転の協議においても、京王線の軌間が問題となった。京王も前身が京王電気軌道だけに1372㎜軌間を採用していたからだ。

　東京都交通局は1号線（現・浅草線）と同じ標準軌1435㎜を希望した。すなわち、京王線を改軌しろということだ。けれども、京成が改軌を行った時からすでに10年以上が経過しており、朝夕の混雑も半端ではなくなっていた京王線の標準軌化は現実的に不可能との結論に達した。結果、10号線は泣く泣く1372㎜軌間での建設と相なる。

　東京都交通局の地下鉄路線の軌間はこ

の段階で、1号線が1435㎜、6号線（現・三田線）が1067㎜だった。路線によってゲージサイズが異なるという、なんとも不細工な体制となってしまった。

　なお、6号線が狭軌1067㎜軌間を採用していたのは、建設段階で東武鉄道の東上本線（東上線）および東京急行電鉄の池上線・大井町線との相互直通運転が予定されていたためだった。この予定は、最初に東急がちゃぶ台をひっくり返し、つづいて東武も白紙としたからたまらない。東京都交通局も受難続きだ。

　まあ、後年、都営地下鉄三田線は東急目黒線（目黒線・東横線）との相互直通運転を果たし、さらには東急線を介して相模鉄道とも直通運転を行っているので、1067㎜軌間も決して宝の持ち腐れではなかったというわけだ。

■ **3線軌道による直通運転**

　近頃、箱根登山鉄道の鉄道線は小田急電鉄小田原線を介して東京メトロ千代田線とも直通運転の関係を結ぶようになったが、その昔、小田急列車が同線への直通を始める際、やはりゲージサイズを異にする点が問題とされた。箱根登山線が1435㎜の標準軌なのに対し、小田急線は1067㎜の狭軌だから、当然、直通運転の実現には軌間統一が必要となる。が、このケースでは意表を突いた手立てが講じられた。なんと、小田急直通区間の小田原〜箱根湯本間を標準軌と狭軌共用の3線軌道とし、課題を難なく克服したのだ。

　線路の中心線を挟んで片側にレールを1本、反対側にレールを2本、都合3本のレールを敷いて、標準軌用車両と狭軌用車両の両方に対応するというもので、3線軌道と呼ばれる。3線軌道では、ポイント（分岐器）の構造が複雑化したり、

小田急の箱根湯本乗り入れには3線軌道という荒技が用いられた

車両によってはホームとの隙間が尋常でなく開いたりする（標準軌車と狭軌車とでは車両の中心線がずれるため）などデメリットもあるので、あまり積極的に採用したくない方式といえる。そうまでして箱根湯本へ乗り入れようとしたのは、戦後、西武グループとの間でしのぎを削る箱根の観光開発に社運をかけた小田急電鉄の意地といえなくもない。

ただ、何かと安全に対してうるさくなった昨今、車両とホームとの間の隙間が問題視され、すでにご案内のとおり、小田原～箱根湯本間を運転するすべての営

業列車を小田急車とすることで、現在、小田原～入生田は狭軌のみの敷設に変更している。しかし、入生田～箱根湯本間に関しては、箱根登山鉄道車両の回送列車が走るため、3線軌道は維持されたままだ。

■車両のサイズを統一する

話が脱線気味なので、東京の地下鉄に筋を戻す。

くだんの覚書には、直通運転に用いられる車両に対しても、高さ・幅・長さなど、具体的な数値が示されている。

相互直通運転においては、こうした数値の統一が図られていなければ何かと都合が悪い。たとえば、車両の幅が異なれば、直通列車のそれぞれでホームと車両との隙間が開いたり開かなかったりとなり、前者ではいささかの危険も伴う。

地下鉄日比谷線絡みの相互直通運転では、1両当たりの長さと側面の旅客乗降用ドア数について少々揉めた。

当時の東武では、国電（国鉄の通勤型電車）と同じ20m 4ドア車が主力となりつつあったのに対し（車長20mで側面の

箱根登山鉄道の小田原～箱根湯本間で運用される小田急1000形。かつては千代田線にも乗り入れた形式だ

日比谷線では長らく18m 3ドア車が用いられてきたが、現在は20m 4ドア車に統一されている

旅客乗降用ドア数が片側4ヵ所、1両当たり都合8ヵ所備わる車両）、かたや東急は18m 3ドア車ばかり。日比谷線直通車両はどちらに合わせるのか、当然、議題として持ち上がった。

結論からいえば、東急線に20m 4ドア車を入線させるには、線路周辺の構造物の位置などを若干修正しなければならなかったので、東武側が折れ、日比谷線に関する直通車両は18m 3ドア車に決まる。が、このことが禍根となる。

地下鉄日比谷線と東急東横線の直通開始後、東急は自社線内用として20m 4ドア車を導入し、やがて池上線、東急多摩川線、世田谷線、こどもの国線を除き、同サイズの車両が主力をなしていった。いわずもがなだが、東武も然りだ。

だが、日比谷線の線路施設等の構造物が18m 3ドア車に合わせて作られたことから、東武も東急も20m 4ドア車が主力となった以降も、同地下鉄への直通車両は、特別に18m 3ドア車を用意せざるを得ないという不合理を抱えた。東急はやがて、日比谷線との相互直通運転を休止としたからいいものの、東武はこのままでは浮かばれまい。交通営団改め東京メトロにとっても、他社線と相互直通運転を行う架線集電式の地下鉄路線は、日比谷線以外すべて20m 4ドア車での

運行となっているので、やはり（架線集電式の）18m 3ドア車を所有することは、合理的とは言えまい。

そこで、ご承知のように近年、車両更新時期の到来を機に、東京メトロも東武も、日比谷線用車両は20m 4ドア車とする方針をたてた。あらためて調査したところ、同線の線路施設等の構造物は多少の手直しにより20m車が入線可能なことが判明、よって現在運用中の東京メトロ13000系および東武70000系は20m 4ドアとされている次第。

■車両のサイズが違っていてもいい!?

地下鉄が絡む直通運転では、車両のサイズやドア数を関係各者間で統一するのが掟のようだ。

またしても余談になるが、JR東日本と東武に代表される観光型直通では、車両サイズやドア数はさほど綿密には取り決められないケースが多い。昔もそうで、たとえば、ある程度まとまった本数の直通実績を誇った旧国鉄と伊豆急行の相互直通運転を見ても、熱海～〈伊東〉～伊豆急下田間で運転される普通列車の使用車両は、国鉄が20m 3ドア車だったのに対し、伊豆急は20m 2ドア車を用意していた。

都市部における相互直通運転でも、車両のサイズをあまり気にしない事例がある。2009（平成21）年に実現をみた近畿日本鉄道と阪神電気鉄道の相互直通運転がそれだ。

近鉄は21m 4ドア車が標準、対する阪神は19m 3ドア車が標準で、相互直通用車両は両社ともに自社標準サイズの車両を送り出している。へたにサイズを統一すれば、どちらかの社が標準以外の

近鉄と阪神の相互直通では車両のサイズが統一されていない

Osaka Metro堺筋線と阪急の相互直通車両もドア位置が微妙に異なっている

車両を持ち続けなければならなくなり、はなはだ不合理だ。合理的な思考を旨とする関西気質ならではの大英断だったといえようか。

ただ、将来のことを考えれば、既存のホームドアでは導入は難しくなりそうで、はたして不統一がよかったのかどうかは、なんとも言えない。

ちなみに関西では、Osaka Metro堺筋線でも、Metro車と阪急車とで車両寸法に微妙な違いがみられる。両社ともに長さ19m弱、片側3ドアの車両なのだが、よくよく見れば車両側面中央のドアから左右端のドアまでの寸法が異なり、Metro車のほうは端部のドアがより車端に寄っている。

堺筋線でも時代の潮流からホームドアの導入を進めるが、微妙なドア位置のず

れぐらいは、さして問題とならないようだ。東京メトロ東西線に導入の大開口ホームドアといった例もある。一方、近鉄車と阪神車の問題などを回避する昇降ロープ式ホーム柵も開発された。

覚書に記される車両の幅・高さ・長さなどは、まあ、直通車両の定めでは基本中の基本であって、首脳者レベルの協議とは別に行われる担当者レベルでの協議では、さらに事細かな規格についての取り決めがなされている。

2 乗務に関する決まりごと

■乗務するのは自社線のみ

都市部における地下鉄と郊外鉄道との相互直通運転は、「相互乗り入れ」ともいわれるが、相手線へ"乗り入れ"るのは車両と乗客のみで、運転士・車掌といった乗務員は事業者（会社）境界駅で交代するのが原則だ（若干の例外もある）。

たとえば、東武スカイツリーライン（伊勢崎線）から東京メトロ日比谷線に直通する列車の場合、それが東武車であってもメトロ車であっても、両社の境界駅となる北千住において、東武の運転士・車掌から東京メトロの運転士・車掌に業務が引き継がれる（「乗継ぎ」と呼ぶ）。間違っても、東武の乗務員が日比谷線内にまで入っていくことはない。

同じ鉄道事業者とはいっても、社局によって信号機や標識の仕様、運転に関わる規則・規程類が異なっているもので、直通列車の乗務員は事業者境界駅で交代するのが最も間違いのない方法とされている。

もしも、乗務員まで相手方に乗り入れるとするならば、当該の乗務員は自分の

北千住駅で交代する東武と東京メトロの乗務員

ところだけでなく、相手方の信号機・標識や運転ルールなどを熟知する必要がある。そうなれば、当然、運転士・車掌の負担はかなり増える。ほかの社局線内で事故でも起こそうものなら、それはそれは大変で、精神的なプレッシャーも大きかろう。かつて天下の国鉄線（御殿場線）に乗り入れていた小田急乗務員の労苦が、偲ばれるというものだ。

■境界駅におけるルール

ちなみに、直通関係にある2つの事業者の乗務員が係わる境界駅構内では、その駅独自に両者共通の運転取扱規程が定められることもあるようだ。資料5（170頁～「運転取扱協定書」「直通運転に伴う運転事故および旅客負傷事故等の処理に関する申し合わせ書」「渋谷駅構内の取扱いに関する協定書」）は、地下鉄半蔵門線開通時の同線渋谷駅における交通営団と東急の協定にかかわる主な文書だ。

なお、この渋谷駅（現在の東京メトロ半蔵門線・東急田園都市線共用の渋谷駅を指す）は、東急新玉川線（渋谷～二子玉川園〔現・二子玉川〕間の路線だったが、のちに田園都市線に編入される）開通の時

より使用され、むろん当初は東急が管理したが、半蔵門線開通時に営団管理に移行する。そして、東京メトロ管理を経て、今は東京メトロ副都心線・東急東横線の渋谷駅ともども東急管理となっている。

資料5（170頁）の「運転取扱協定書」第9条を見れば、渋谷駅における営団と東急の車掌の乗継ぎでは、車掌スイッチ（旅客乗降用ドアの開閉を行うスイッチ）は開位置の状態（ドアを開いた状態）で交代するのが原則だが、回送列車の場合は閉位置の状態（ドアを閉めた状態）で乗継ぎ交代を行うこととされている。まあ、当然といえば当然で、東京メトロと東急の車掌は現在もこの手順にしたがって乗継ぎを行っている。

コロナ禍前の一時期、東急田園都市線では日中に毎時2本の渋谷折り返し列車が設定されていたが、ご承知のように、これは実際には渋谷での折り返し運転とはならず、東京メトロの乗務員の手によって半蔵門線を半蔵門まで回送で往復のうえ折り返していた。

この渋谷止まりの田園都市線列車は、同駅で乗客をみな降ろすと、東急の車掌がドアを閉めて東京メトロの車掌と交代

する段取りだった。もちろん、通常のお客を乗せた列車では、ドアを開いた状態で車掌交代が行われ、発車時刻になれば東京メトロの車掌がドアを閉め、半蔵門線へと出発していく。まさに資料5の第9条のとおりではないか。

■ 異なる法律に準拠した相互直通

　ところで、東京の地下鉄5号線こと東西線では、わが国で初めて地下鉄と国鉄との相互直通運転が実現している。直通相手は中央本線（中央緩行線）で、1966（昭和41）年に荻窪～〈中野〉～竹橋間で開始された。

　当時の国鉄線は「日本国有鉄道法」準拠なのに対し、営団地下鉄線は私鉄を規定する「地方鉄道法」に準拠していた（現在、私鉄・地下鉄〔軌道法〕準拠のものを除く）とJR各社は同じ「鉄道事業法」に準拠）。

　結果、境界駅の中野（国鉄管理）では、異なる法律による鉄道が接していたことになる。運転にかかわる法令も国鉄線が「日本国有鉄道運転規則」で、対する営団線は「地方鉄道運転規則」だ。営団線対私鉄線ならば、同じ「地方鉄道運転規則」の適用だったから、まだ救われよう。対国鉄では、駅独自の運転取扱規程の作成など、さぞかし骨が折れたに違いない。

　このやっかいな国鉄線と地下鉄線との相互直通運転に伴う境界駅は、以降、総武本線（総武緩行線）と営団東西線にかかわる西船橋（国鉄管理）、常磐線（常磐緩行線）と営団千代田線にかかわる綾瀬（営団管理）が仲間に加わっていくが、さらには東京からはるか遠い九州の福岡市にも1983（昭和58）年に誕生する。国鉄筑肥線と福岡市営地下鉄1号線が絡む姫浜だ（同駅は福岡市交通局の管理駅）。

　福岡市交通局は、地下鉄の建設・運営

福岡市営地下鉄1号線と国鉄筑肥線の相互直通運転は1983年にはじまる。国鉄は103系1500番台（右）を用意してこれに臨んだ

のために新たに作られた組織体で、鉄道事業に関するノウハウも十分には持ち合わせていなかったはず（福岡市内にかつて存在した路面電車は西日本鉄道〔西鉄〕の運営だった）。それがいきなり天下の国鉄との相互直通運転だ。姫浜駅に関係する取り決めごとなども、営団地下鉄の中野、西船橋、綾瀬といった先例が、頼もしい教本となったことだろう。

3 機器の統一も大事

■ 運転台の規格も極力統一

　話を戻せば、乗務員交代の原則ゆえに生じる問題もある。たとえば当初の営団地下鉄日比谷線では、東武車には東武と営団の乗務員が、東急車には東急と営団の乗務員がそれぞれ乗務していた。営団車にいたっては、営団・東武・東急の乗務員が乗務した。

　となると、運転台の機器、スイッチ類の配置などが車両によってまちまちだと誤操作の恐れもあり、じつに具合が悪い。

　運転台のレイアウトは、その事業者で綿々と受け継がれてきた伝統によって決定されることが多く、事業者ごとにかなり個性があるものだ。相互直通運転用の

車両では、これも極力統一しなければならないからやっかいだ。なかには伝統を破ることとなる事業者も出てくるわけで、この規格決定に至る過程は、まさしく茨の道といえよう。

なお、地下鉄が絡まない相互直通、たとえば近鉄対阪神、阪神対山陽、JR東日本対東武、JR東日本対伊豆急などでは、綿密な運転台の規格統一は行わず、直通車種をある程度限定して、相互に取り扱いの習熟を徹底することで対処しているようだ。

ただ、伊豆急行に関しては、前にも少しふれたように、JR東日本および前身の国鉄時代からさまざまな形式の国鉄車・JR車が入線しており、それらに対する伊豆急乗務員の運転操作習熟訓練はその都度かつ頻繁に行われていたようだ。まあ、車種が「電車」ならば国鉄型は形式が違っても共通項が多く、訓練もさして大がかりなものとはならなかったが、1983（昭和58）年に始まった「電気機関車」のEF58形入線の際には、車種違いなだけに、かなり綿密な訓練スケジュールが組まれていた。国鉄の「電気機関車」を私鉄の運転士が運転するのは、おそらく過去には例がなかったと思われる。

■ 連結器の統一

何かと面倒が伴う統一を図らなければならない事柄は、まだまだある。連結器もそのひとつだ。

何かのアクシデントから、列車が地下鉄線内の駅間において立ち往生した場合、後続の列車はその故障した列車を救援しなければならない。故障列車を連結のうえ、推すなり牽くなりして最寄りの駅まで送り届ける作業が生じる。

そういうときに、車両によって連結器

半蔵門線における相互直通車両、上から東武50050型、東京メトロ08系、東急8500系（引退済み）。外観は各社各様だが、基本的な性能は統一されているはず

が異なっていたり、取付位置（高さ）が統一されていなかったりしたら、救援も難しいだろう。したがって、連結器に関する事柄も統一の重要案件となる。

しかし、どうしても連結器の統一ができない場合には、異なる連結器同士をつなげる中間連結器を用意する。車両に積み込んだり、線路の随所に常備させたりして対処するのだ。

地下鉄線内は急勾配が多い。ゆえに、故障車両を推すなり牽くなりするのも、場所によってはかなりの力仕事となる。

地下鉄直通車両は、当該地下鉄線内の最急勾配区間において救援活動が行えるよう、主電動機（モーター）の出力なども十分に打ち合わせておかなければならない。もちろん、ダイヤ作成を容易にするため、加速・減速性能なども極力揃えておくことも重要だ。

往年の日比谷線直通用東武2000系。正面左側の窓内に運行番号「07T」を表示しているのも「2号線車両規格」による

■まだまだある規格の統一

　地下鉄直通車両の規格に関する項目を、いちいち挙げていたのでは、とりとめがなくなるので、興味のある方は、一例として添付した「2号線車両規格」（資料6：174頁）を御覧いただきたい。

　これは1957（昭和32）年7月31日に発足した、交通営団・東武・東急の各担当者による2号線直通車両規格小委員会が、1961（昭和36）年まで協議を重ねて決定したものだ。地下鉄日比谷線を走る車両は当初、絶対にこの規格に則っていなければならなかったわけで、直通車両のバイブル的存在だ。

　それにしても、よくぞまあ、ここまで事細かに定めたものだと感心させられる。地下鉄直通車両の外見は各社それぞれだが、中身はほぼ同じで、兄弟のような車両といえよう。

　「照号15」の"標識灯"に関する内容を見れば「……運行板は運転室の反運転士前面とする。」とある。

往年の東西線車両たち。上段は営団5000系、中段は国鉄301系で両車は相互直通開始時からの車両、下段は国鉄103系1200番台でのちの増備車。前の2車は行先表示器、運行番号表示器、前照灯の位置が揃っている。3車に共通する正面左窓内上の白い長方形は種別表示器で東西線内快速運転の列車は「地下鉄 快速」を表示する

"運行板"とは、のちほど説明する運行番号（「71S」「03T」「91K」などの2桁の番号とアルファベットが組み合わさったもの）を表示するもので、文字どおりの板〔札〕のほか、幕式のものもあった。初期の日比谷線用車両となる営団3000系、東武2000系、東急7000系では、この取り決めのとおり、先頭車両正面の向かって左側（運転台のない方）の窓内に運行板を掲げていたことが思い出される。

■ATC、ATSの多重装備

ところで、地下鉄日比谷線と東武伊勢崎線、東急東横線が相互直通運転を始めた直後の1966（昭和41）年、東武鉄道、名古屋鉄道、京阪電気鉄道、近畿日本鉄道などで重大事故がたて続けに発生した。事故の原因は、運転士の信号見落とし、誤認などだった。東武鉄道の事故は、西新井駅構内において大師線列車と伊勢崎線列車が衝突したもので、後者は営団3000系使用の日比谷線直通列車だったから辛い（3000系の中間車1両が事故廃車となった）。

一連の事態を重く受けとめた運輸省（当時）は、大手・準大手私鉄各社に対しATS（自動列車停止装置）の設置を指示した（国鉄に関しては1962〔昭和37〕年の三河島事故を契機に、初歩的なものながら、1966〔昭和41〕年までに全線でATSの導入を完了した）。

これを受けて私鉄各社はATSの導入を進めるが、各社各様の開発を行ったため、さまざまなタイプのATSが誕生し、たとえば東武型ATSと東急型ATSとでは、まったく互換性がないというようなことになってしまった。

このATSや、それよりもさらに高度な機能を有するATC（自動列車制御装置）、ATO（自動列車運転装置）といった保安装置は、地上側（線路）に設置された装置（地上子）と車両側に搭載された装置（車上子）が揃ってはじめて機能するという代物だ。

したがって、直通車両では、走行する区間の線路に備わるすべての地上装置に対応するため、複数の車上装置を搭載しなければならない。これが直通車両にとっては、重荷といえば重荷だ。

日比谷線関係では、地下鉄区間は当初からATCを導入していたので（地上信号式のWS-ATCだが、のちに車内信号式のCS-ATC〔新CS-ATC〕に移行）、営団車、東武車、東急車ともに直通車両は、その車上装置を備えることが取り決められていた（資料6：174頁参照）。

日比谷線関係の直通車両の保安装置は、相互直通運転開始当初こそ日比谷線内で使用するATC車上装置のみの搭載で、東武線や東急線で使うATSは（加えて無線も）装備していなかったが、運輸省の指示から、やがてその装備が必要となっていった。

東武車は東武型ATS、東急車は東急型ATSを装備するのはもちろんのこと、営団車にいたっては東武型ATSと東急型ATSの双方を車両に備えなければならないのだから大変だ。

もっとも実際には、東武・東急双方のATSを搭載した営団車〔3000系〕の編成は少なく、どちらか1社分を搭載し、東武直通運用、東急直通運用を分離することにより対処していた。その後、東急東横線はATC（ATC-P）化され、日比谷線用営団車の後継形式03系はすべてこれを搭載、全車が東武・東急の双方に入線できるようにした。

なお、現在の日比谷線用車両・東京メ

トロ13000系も、後述の定期検査時に東急線〔東横線・目黒線・大井町線・田園都市線〕を回送列車として走るため、搭載機器は東急型ATC対応としている。

一方、営団用ATC、東武用ATS、東急用ATSを揃えるといった多重装備の日比谷線グループの車両に対し、都営1号線（現・浅草線）グループ、すなわち都交通局、京成、京急の車両は、京成の子会社、新京成電鉄も含めて各社局が共通の1号型ATSを導入したことから、車上装置の多重搭載は回避された。こちらは連携が強固なようだ。

その後、北総開発鉄道（現・北総鉄道）、住宅・都市整備公団（→都市基盤整備公団。同公団保有の鉄道路線は、千葉ニュータウン鉄道に移譲され現在に至る）と芝山鉄道も1号型ATSを導入する。なお、現在は1号型ATSの発展改良版C-ATSに一部を除き移行している。

■機器の取替・改造は自社負担が原則

さて、以降の相互直通運転における直通車両の規格には、搭載される保安装置（車上装置）も必要なものすべてが明確に定められることとなる。また、無線装置なども普及をみるにつけ、各社でタイプが異なるケースが増えたため、これについても直通車両の規格で装備するものを厳密に取り決めておくようになっていく（大分類で見ていっても地下鉄は誘導無線主流だったのに対し、地上の鉄道は京成、北総、京急など一部が誘導無線を用いたものの、おおかたは空間波無線を採用。ただ、近年は従来のアナログ方式誘導無線およびアナログ方式空間波無線に代えて、地下鉄・地上の鉄道ともにデジタル空間波無線に移行しつつある。ちなみに京成、北総、京急もデジタル空間波無線を導入済み）。

複数の鉄軌道事業者間でひとたび相互直通運転の関係を結べば、相手先が途中で保安装置や無線装置の方式などを変更した場合、自社には直接関係ない事柄なのに、その機器取り替えの手間や出費を強いられることとなる。こういう点も相互直通運転の辛いところだろう。

例をあげれば、旧国鉄は1986（昭和61）年11月1日ダイヤ改正を機に、防護無線の機能を有する全国統一の列車無線を導入するが、当然ながらその車上装置は相互直通相手の地下鉄千代田線・東西線所属の営団車にも新たに取り付けなければならなかった。

千代田線車両の場合、従来、取手以南の常磐線で使われていた「常磐線列車無線」（三河島事故を契機に同線に導入したもので国鉄線としては異例の存在）と一時期

都営1号線に乗り入れた往年の京成3100形（初代）。屋根上中央の金属体が誘導無線アンテナ

常磐線を行く営団6000系。屋根上に国鉄全国統一無線アンテナと小田急線用無線アンテナが並ぶ

重複する装備となった。結果、当時の営団6000系先頭車の前部屋根上を見れば、国鉄線用の常磐線列車無線と全国統一無線のアンテナとともに、小田急線用の無線アンテナまでもが立ち並ぶという賑やかな佇まいだった（なお、千代田線内で使用する誘導無線のアンテナは編成中間の連結部妻面に設置）。

1987（昭和62）年4月の国鉄民営・分割化により誕生したJR東日本は、その後、中央本線、総武本線（中央・総武緩行線）に新型のATS-P型を導入する。むろん、相互直通相手の地下鉄東西線所属の営団車すべてにもP型車上装置が搭載された。

以上のケースでは、相互直通相手線にかかわる追加機器搭載などの改造費用は、車両を所有する事業者の負担とする暗黙の合意から、交通営団が自腹を切ったとされる。

■機器の費用負担の問題

ただ、改造費用があまりにも高額になる場合は、こういう合意も見直されることがあるようだ。

東京メトロ副都心線は開業時からATO（自動列車運転装置）を用いたワン

有楽町線直通用に作られた西武6000系（手前）は副都心線開業に向けATOやワンマン運転用機器の搭載が行われた

マン運転を行っているが、同線の開業当初からの相互直通相手である東武鉄道（東上線）と西武鉄道は、自社車両（従前より実施の有楽町線直通用車両）に対するATO車上装置およびワンマン運転に必要な機器搭載の追加改造に難色を示した。

東武、西武ともに副都心線開業以前から、ツーマン運転実施の東京メトロ有楽町線（現在はワンマン運転）に自社車両を直通させており、有楽町線と関連が深い副都心線にも当該車両を用いて直通運転を行うことから、追加の改造が必要となる。慣例に従うなら、これらは自社負担だ。

協議の結果、機器の所有権は車両を所有する事業者にあるものの、その使用権は東京メトロに属するという理屈によって、改造費用は東京メトロが負担することで手打ちとされた。

話はまたしても地下鉄からそれるが、保安装置の問題で、直通運転が中止となる事例もある。東武鉄道東上線（東上本線）の列車が秩父鉄道秩父本線へ直通していたことは前にもふれているが（乗り入れ区間は寄居～上長瀞・三峰口間）、この直通運転は秩父鉄道のATS導入を機に1992（平成4）年に中止となった（地方の中小私鉄のATS導入はかなり遅れていた）。

東武型ATSと秩父鉄道が導入したATSとは互換性がなく、東武が直通運転を続けるには秩父型ATSの車上装置を自社車両に搭載しなければならなかったというわけだ。直通列車の利用者も減ってきており、そろそろ潮時と東武も考えたのだろう。

ただ、秩父鉄道秩父本線の羽生～寄居間には、検査入出場などに伴う東武鉄道の車両回送列車がある（東武の自社ネットワークとしては離れ小島的存在の東上線

〔東上本線＆越生線〕は、秩父本線を介して本家筋ともいえる伊勢崎線と結ばれることから存在）。このため、東武ではごく一部の車両編成（8000系2両編成の一部）に秩父型ATS車上装置を搭載、当該の回送列車は秩父本線内においてその編成を先頭に連結（先導役）のうえ運転している。

日比谷線における東武線に直通しない北千住行の東武車

4 "場違いな運用" はなぜ起こる

■ 地下鉄線内だけを走る私鉄車、JR車

　閑話休題、話を地下鉄に戻す。

　本書の冒頭では、相互直通運転が醸し出す不可思議な現象として、平日夕方の東京メトロ千代田線における、小田急線に直通しない代々木上原行の小田急車やJR常磐線に直通しない北綾瀬行のJR東日本車の話をした。

　さらに、こうした不可思議な現象の話は、東京メトロ日比谷線での東武スカイツリーラインに直通しない北千住行の東武車、東京メトロ半蔵門線での同じく東武スカイツリーラインに直通しない押上行の東武車、東京メトロ有楽町線・副都心線における東武東上線に直通しない和光市行の東武車、および西武線へ直通しない和光市行の西武車などにも及んだ。

　すなわち、東京の地下鉄では、私鉄やJR東日本の車両が地下鉄線内を行ったり来たりすることは、各線において日常茶飯事の現象であり、これら一連の"不可思議な現象"は、とくに珍しいことでも何でもなかったのだった。

　冒頭で紹介した小田急線に直通しない代々木上原行の小田急車に類する話として、例が少々古いが、2018年3月17日改正の平日ダイヤの場合、日中、小田急車は10両編成2本（2編成）が千代田線内

京成押上線、浅草線における京急線に直通しない西馬込行の京急車

に封じ込められて、延々と綾瀬〜代々木上原間を行ったり来たりしていた。そして、この2編成以外に千代田線絡みの小田急車の運用は、平日の日中にはなかった。結果、小田急線直通列車に運用される車両は東京メトロ車やJR東日本車ばかりとなっていたのだ。

　現在の2023年3月18日改正の平日ダイヤを見てみよう。こちらでは小田急車は昼前後に千代田線内での運用がなく（小田急自社の車庫以外、東京メトロの綾瀬検車区や代々木公園の留置線、JR東日本の松戸車両センターなどに入庫）、したがって、やはり小田急線直通列車は東京メトロ車やJR東日本車ばかりとなっている。

■ 地下鉄線内を走らない地下鉄車

　このように、私鉄やJR東日本の車両が地下鉄線内完結の列車に運用される事

例があるかと思えば、その逆もある。

2023年4月段階の各線のダイヤを眺めれば、東急東横線・横浜高速みなとみらい線の渋谷〜元町・中華街間列車などに運用される東京メトロ車（これには西武車や東武車の運用もあるから恐れ入る）、JR常磐線の綾瀬〜我孫子間列車などに運用される東京メトロ車（これには小田急車の運用もあるから、またまた恐れ入る）、京急空港線・本線・逗子線の羽田空港第1・第2ターミナル〜逗子・葉山間列車などに運用される東京都交車、といった面々を見出すことができる。

今はもう見られないが、かつては相互直通区間外の京王競馬場線（東府中〜府中競馬正門前間）を一日中往復してばかりいた東京都交車までもあった。

■東京だけじゃない"場違いな運用"

こういう場違いな運用は、なにも東京の地下鉄に限った話ではなく、Osaka

京都市営地下鉄烏丸線でも近鉄線に直通しない近鉄車を見かける

東急東横線を行く和光市行の西武車⑥

新宿線の東京都交車には、京王競馬場線に1日中封じ込められる運用がかつて存在した

Metro堺筋線（天神橋筋六丁目〜天下茶屋間、前者の駅で阪急電鉄千里線に接続）でも、阪急車による阪急線へ直通しない天神橋筋六丁目行がしょっちゅうやってくる。近畿日本鉄道京都線と相互直通運転の関係にある京都市営地下鉄烏丸線でも、地下鉄線内竹田〜国際会館間折り返し運転の近鉄車によく出くわす。

近鉄といえば、阪神電気鉄道との相互直通運転（近鉄奈良〜〈大阪難波〉〜尼崎〜神戸三宮）においても、近鉄線内を行き来する阪神車を目にする。その阪神は山陽電気鉄道とも相互直通運転の関係を結んでいるわけだが、そちらのかかわりでも阪神の本線および神戸高速線の梅田〜高速神戸間列車に山陽車が運用されているのを見たことがある。

大都市以外に目を転じても、JR東日本の伊東線熱海〜伊東間折り返し運転の

列車に伊豆急の車両が見られたり、第三セクターの土佐くろしお鉄道や智頭急行の車両をJR線内列車に運用したりする例があるなど、直通運転に関係する場違いな運用は、全国規模で展開されているようだ。

■"場違いな運用"が起こるワケ

なぜ、そのような現象が起こるのだろうか。

資料7（177頁）は、地下鉄日比谷線と東武伊勢崎線との相互直通運転が開始された1962（昭和37）年5月に、東武鉄道と当時の帝都高速度交通営団が交わした直通運転に関する契約書だ。その第1条を見ると、「直通列車は各駅停車とし、その乗入れ車両粁は相互間の均衡を保持するようにつとめる。」と記されている。

第10条と第11条にも関連する条文が見られるが、これこそまさしく、全国にあまたの「場違いな運用」を生じさせる根幹ともいえる約束事なのだ。

たとえば、東武鉄道の伊勢崎線（東武スカイツリーライン）・日光線と東京メトロ日比谷線との相互直通運転では、ご承知のように、それに必要な車両を東武と東京メトロの双方が用意して、相互直通区間の南栗橋〜〈北千住〉〜中目黒間を走る列車に運用する。

その場合、伊勢崎線（東武スカイツリーライン）・日光線内を東京メトロ車が走っているときは、東武は東京メトロから車両を借りていることになり、同様に、日比谷線内を東武車が走っているときは、東京メトロは東武から車両を借りていることになる。

この概念が肝で、前にもふれたが、「相互直通」とはいっても、相手線へ直通するのは乗客と、この貸し借りとなる車両

のみ。双方の鉄道事業者（または軌道経営者）はあくまでも他人の関係であって、事業者（会社）境界駅を境に責任の所在も明確に分けられている（運転業務を東急電鉄に全面委託する横浜高速鉄道みなとみらい線、同じく京成電鉄に全面委託する芝山鉄道線、同様に名古屋鉄道に全面委託する名古屋市営地下鉄上飯田線など一部の例外を除き、都市型相互直通運転では、乗務員も境界駅で交代するのが原則ということはご案内済み）。こういった点が、複数の乗合バス事業者によるバスの共同運行路線とは概念がまったく異なる、鉄道での相互直通運転の大きな特徴といえる。

■走行距離を等しくする

で、相互直通運転では、当該鉄軌道事業者間に車両使用料の債権・債務が発生するわけで、当然ながら先の例では、東武は東京メトロに車両使用料を支払い、東京メトロも東武にそれを支払わなくてはならない。

が、よくよく考えてみれば、東武車が日比谷線内を走る距離と、東京メトロ車が伊勢崎線（東武スカイツリーライン）・日光線内を走る距離が等しくなれば、双方が支払うべき車両使用料は相殺となろう。そこで、走行距離の調整が行われることとなる。

具体的な手筈は、東武車が日比谷線内を走るキロ数（車両キロ＝列車キロ×編成両数）と東京メトロ車が伊勢崎線（東武スカイツリーライン）・日光線内を走るキロ数（同）が等しくなるよう運用を組むということ。

日比谷線用の東武車も東京メトロ車も、1両の長さが20m車両の7両編成に統一されている。したがって、直通区間の距離が互いに等しければ、直通列車の東武

車と東京メトロ車の使用比率を均等としてやることで、相殺は可能だろう。

■ 「車両キロ」の調整

だが、しかし、なかなか絵に描いたように、コトはうまく運ばない。旅客の需要や動向、利便性の向上、車両の効率的使用といった要素、そして鉄道会社おのおのの思惑などが、相互直通運転にはかかわってくるものなのだ。

直通区間だけを見ても然りで、日比谷線の北千住〜中目黒間は20.3キロ、対する伊勢崎線（東武スカイツリーライン）・日光線の北千住〜南栗橋間は44.3キロもある。倍以上ではないか。これでは、双方の車両の相手線内における車両キロの均衡も難しい。

このアンバランス解消には、直通列車運用車両の配分調整が必要だ。双方の車両の使用配分（比率）を均等にすると、東武車が日比谷線内を走る距離よりも東京メトロ車が伊勢崎線（東武スカイツリーライン）・日光線内を走る距離の方が長くなってしまうのだから、均等とせずに、直通列車に対する東武車の使用比率を高めてやれば、問題はほぼ解決する。

まあ、日比谷線から伊勢崎線（東武スカイツリーライン）・日光線へ直通する列車がすべて南栗橋まで行くわけではなく、途中の竹ノ塚、北越谷、北春日部、東武動物公園折り返しの列車も多数あるので（南栗橋発着は朝・夕および夜間に限られ、日中は東武動物公園と北春日部折り返しが多い）、そのへんもうまく活用して車両キロを調整してやれば、現金のやり取りもなんとか回避可能だろう。

なお、日比谷線直通列車が伊勢崎線内では「普通」（各駅停車）と定められた理由の1つは、地下鉄は路面電車に比べれ

ばそれは“高速度”だろうが、地上を走る鉄道よりはかなりの低速で、ゆえに直通列車が地上で急行運転をしようものなら、短時間に地上側での車両キロをかせいでしまうから。これもバランスを欠く要因となるため、当時の交通営団は、良しとはしなかったと聞く。

車両キロの調整に努めても、どうしても折り合いがつかない場合もある。そうなった時はどうするのだろうか。

そう、その際の清算方法こそが、件のごとき「場違いな運用」の設定ということなのだ。「場違いな運用」を「清算運用」と形容する御仁もいらっしゃるけれど、まさにそのとおりなのだった。

2023年4月現在の東京メトロ日比谷線の平日ダイヤから、運行番号「31T」が与えられる東武車の運用を書き出してみよう（「運行番号」の意味については、のちほど説明する）。

南千住5時34分発―（B531T）―北千住5時37分着／5時52分発―（A531T）―中目黒6時37分着／6時45分発―（B631T）―北千住7時30分着／7時37分発―（A731T）―中目黒8時27分着／8時36分発―（B831T）―北千住9時24分着／9時32分発―（A931T）―中目黒10時18分着／10時28分発―（B1031T）―北千住11時14分着／11時21分発―（A1131T）―中目黒12時06分着／12時17分発―（B1231T）―北千住13時02分着／13時11分発―（A1331T）―中目黒13時56分着／14時07分発―（B1431T）―北千住14時52分着／15時01分発―（A1531T）―中目黒15時46分着／15時55分発―（B1531T）―北千住16時40分着／16時47分発―（A1631T）―中目黒17時32分着／17時39分発―（B1731T）―北越谷18時59分着／19時31分発―（A1931T）―中目黒20時47分着／20時53分発―（B2031T）―北千住21時40分着／21時50分発―（A2131T）―中目黒22時35分着／22時42分発―（B2231T）―北千住23時27分着／23時34分発―（A2331T）―南千住23時37分着

これなどは、まさしく「清算運用」と思しき運用だ。東武車が東京メトロ日比谷線内の北千住〜中目黒間を一日中、行ったり来たりしているということは、東京メトロ車が東武鉄道の伊勢崎線（東武スカイツリーライン）・日光線での車両キロを稼ぎすぎるがために設けられたものと推察されよう。

5 アンバランスな運用の理由

■ 千代田線における小田急車の運用

　ところで先ほど、東京メトロ千代田線の2018年3月17日改正平日ダイヤにおいて、日中、小田急車は10両編成2本（2編成）が千代田線内に封じ込められて、延々と綾瀬〜代々木上原間を行ったり来たりしていた、と述べた。これも、むろん清算がらみで生じているものと察せられるが、小田急車の千代田線内封じ込めは、ある意味、同線の伝統芸とでもいえそうだ。

　話は地下鉄千代田線と小田急小田原線が相互直通運転を開始した1978（昭和53）年当時にさかのぼる。

　両者の相互直通運転は、なかなかの難ものだった。まず、小田急側の相互直通運転区間の設定だが、千代田線の綾瀬〜代々木上原間が21.9キロだから、代々木上原起点21.6キロ地点の小田原線鶴川を折り返し駅にするのが好都合に思われた。だが、残念ながら、この駅には列車の折り返し設備がない。まあ、仮にあったとしても、沿線の奥深くにまで宅地開発がおよぶ小田急小田原線としては、鶴川折り返しではじつに中途半端な列車設定となってしまうだろう。

　鶴川の先にある折り返し可能駅といえ

ば、相模大野か、はては本厚木だ。本厚木は遠すぎるので、なんとか相模大野で折り返したいところだが、ここは小田急江ノ島線の分岐点であり、かつ車庫併設の駅ではないか。出入庫車両や連結・切り離しを行う列車が構内を錯綜するため、そんな余裕はなさそうだ。

　結局、小田急側の相互直通運転区間は代々木上原〜本厚木間41.9キロに落ち着く。これが不幸（？）の始まりだった（現在は本厚木の先、伊勢原までが相互直通運転区間。なお、小田急江ノ島線の片瀬江ノ島、箱根登山鉄道の箱根湯本発着の千代田線直通列車が存在するが、これらはすべて小田急車の運用のため、厳密には相互直通運転区間外となる）。

　千代田線綾瀬〜代々木上原間の距離と小田急小田原線代々木上原〜本厚木間の距離は、約1対2の比率だ。直通車は双方とも10両編成で、単純に考えれば、その運用本数を営団車（直通開始当時の話ゆえ）1本に対し小田急車2本とすれば、貸し借りは相殺となろう。

　しかし、1978（昭和53）年の相互直通運転開始当初、直通列車の設定本数は1日当たり14往復（平日ダイヤの場合、休日ダイヤでは設定なし）とされ、車両編成の割り当ては、小田急車が5往復、営団車が9往復となっていた。

　直通列車の設定がほかの地下鉄路線に比べ極端に少なかったのは、小田原線のダイヤが過密を極めていたため。当時は代々木上原〜東北沢間のみしか複々線化がなされていなかった。

　それにしても、流儀からいえば小田急車の運用本数を多くしなければならないのに、まったく逆の割り当てと化している。はて、どうしたことなのか。この配分では小田急側の債務が一方的に膨らむ

ばかりではないか。

こうしたアンバランスな運用が組まれたのはなぜなのだろう。

地下鉄千代田線は代々木上原とは反対の綾瀬側において国鉄（現・JR東日本）常磐線（常磐緩行線）とも相互直通運転を行っていた。ただ、国鉄車の小田急側への乗り入れ、小田急車の国鉄側への乗り入れは御法度だった。

当時の千代田線の相互直通運転形態は日比谷線流であり、相互直通の関係は国鉄対交通営団、交通営団対小田急で、国鉄と小田急は本件に関しては無関係だった（ご承知のように、現在は小田急とJR東日本との間でも相互直通の関係が結ばれる）。

ただ、日比谷線流ながらも日比谷線とは違って、営団車を使用する3者またがり列車ならば存在していた。"していた"というよりも、そうせざるを得なかった。事情はこうだ。

国鉄と小田急が無関係ということは、くどいようだが運用上、小田急車の運転は綾瀬までとしなければならない。けれども、常磐緩行線と千代田線の間柄は親密、というよりも一体で、とくに朝夕のラッシュ時などは直通客の多さから地下鉄線内綾瀬折り返しの列車など、なかなか設定しにくい。そうなると、国鉄常磐線〜千代田線〜小田急小田原線の3線またがり列車が必然的にできてしまうわけで、それに運用可能なのは営団車だけだから、いきおい小田急直通列車も営団車の出番が増えるというからくりだ。

小田急線と千代田線が結ばれた当初、直通列車14往復のうち9往復も営団車が運用されたのは、この理由からだった。

であれば、小田急が営団に支払う車両使用料は莫大な金額となろう。なにしろ、営団車は運用本数も多いうえに、本厚木まで往復すれば相当に車両キロをかせいでしまう。おまけに、千代田線直通列車の小田急線内での列車種別は「各駅停車」ではなく「準急」ときていた。どう考えても、営団車の車両使用料のほうが小田急車のそれよりもはるかに勝っていよう。

ちなみに、小田急に対しても交通営団は各駅停車の直通を希望したようだが、当時、小田急線内の「各駅停車」列車は最大6両編成で、当然、それしか停まらない駅ではホームの長さも短かった。千代田線は国鉄直通との関係から10両編成が基本、小田急小田原線内では直通列車は都内の小駅を通過する「準急」としてしか運転できなかったのだ。

話をもとに戻せば、小田急が営団に支払う車両使用料を莫大とせず、"相互間の均衡を保持"させるため、奇想天外な方策が編み出された。

それは、営団車が小田急線内を余計に走る分、小田急車が千代田線内を行ったり来たりして、穴埋めするという作戦。

直通開始当初の運用を見ると、朝、本厚木発綾瀬行「準急」に運用された小田急車5編成のうち3編成は、そのまま千代田線内にとどまって、日中、綾瀬〜代々木上原間を数往復し、夕方のラッシュ前に綾瀬発本厚木行「準急」となり自社へと帰っていく段取りが組まれていた。で、夕方以降は、常磐線直通列車が増えるため、小田急車の千代田線直通運用は終電まで無しとされた。まさに苦肉の策だ。

■三田線における東急車の運用

千代田線内における小田急車の運用のように、相互直通運転における当該運転区間の距離バランスが悪い例としては、東急新横浜線が開業する前の都営地下鉄三田線と東急電鉄目黒線（目黒線・東横線）

も見逃せなかった。三田線の目黒～西高島平間が26.5キロもあるのに対し、目黒線の目黒～日吉間（正式には田園調布～日吉間は東横線）はたったの11.9キロ。ともに20m車6両編成の東京都交車と東急車の運用比率を均等としたならば、都交通局が東急に支払うべき車両使用料は膨大な額となろう（ちなみに現在は、東急車はすべて20m車8両編成だが、都交車は20m車8両編成と同6両編成が混在し、これに相鉄の20m車8両編成が直通仲間に加わる）。

そこで、東京都交車の運用比率を高める必要があった。けれども、三田線には白金高輪～西高島平間24.2キロを折り返し運転する地下鉄線内完結の列車を数多く設定しなければならない事情もあり、これがまた車両運用上やっかいな存在となっていた。

白金高輪折り返し運転の列車は、すでにご案内済の目黒～白金高輪間2.3キロが、東京メトロ南北線との線路共用となるための列車本数調整が絡む措置だが（南北線にも白金高輪折り返し運転の列車が多数ある）、三田線の北の終点、西高島平での折り返しのタイミングからか、この地下鉄線内完結列車にも、場違いながら東急車がけっこう入ってしまっていたのだ（南北線の方も同様に浦和美園～白金高輪間や赤羽岩淵～白金高輪間運転の列車に東急車が運用されている）。

ただでさえ、東急車には三田線内を走る車両キロ数を控えてもらわなければならないところなのに、この現象によって希望とは裏腹に、車両キロ数をさらに余計に稼がれてしまうという、なんともやりきれない、困った話なのだった。

東急車が三田線を走って終点の西高島平に到着したら、すぐに白金高輪行で折

東急目黒線内では東京都交車®が目立つ存在

り返させるのではなく、東急目黒線直通日吉行列車の発車時刻まで留め置くような措置さえとれば傷口は小さくて済みそうだが、コトはそう簡単には運ばない。

日吉行の前に発車する白金高輪行列車に充当の車両編成を、別に手配しなければならない、というまだるっこしさもさることながら、そんなことばかりやって調整していたのでは、高価な鉄道車両の運用効率が著しく低下してしまう。場合によっては、都議会でも問題視（？）されかねない。無駄なき車両運用を考えるならば、終点に到着した車両編成は、行き先などお構いなしに、すぐ折り返し列車に充当するほうが良いに決まっている。

そもそも、西高島平駅には線路が2線しかない。東急車を日吉行に充当させるための一時留め置きは、列車本数が多くなるラッシュ時などは、とくに物理的にも出来かねる相談といえよう。

だから、仕方がないので三田線では逆手を使い、東急線直通列車は可能な限り東京都交車の運用として辻褄を合わせた。東急目黒線内では東急車の影が薄く、東京都交車が妙に目立っていたのは、その結果の産物といえよう。

ところで今だが、三田線の相互直通運転区間には、東急新横浜線5.8キロが加わっている。よって、三田線26.5キロに

対し東急線は都合17.7キロとなり、距離バランスの悪さはいささか改善をみた。が、東急車がすべて8両編成なのに比べ、東京都交車には一部6両編成が残っている。白金高輪折り返し運転の列車設定についても、条件は従前どおりだ。ダイヤ作成担当者の涙ぐましいご苦労により、白金高輪折り返し列車への東急車の充当は減ったが（平日1往復、土曜・休日3往復）、編成両数の差が絡んで、やはり東急車が三田線内を走る車両キロ数分の清算のため、東京都交車の東急線直通列車充当を増やさねばならぬこと変わりなし。

ただ一方で、新たに困ったことが起こっている。ご承知のとおり東急新横浜線の延長には相模鉄道（相鉄）各線が控えており、東急線を経由してそちらへの直通列車も三田線には設定される。しかし、相鉄線には、2023（令和5）年3月18日改正現在、東京都交車は入れない。東急線直通列車への東京都交車充当において、相鉄まで行く列車は避けなければならぬ制約が出来たのだ。

加えて、すべて8両編成の相鉄車も三田線を走る。件の白金高輪折り返し運転の列車にも若干ながら相鉄車の運用がある（平日1往復）。仮にここでも、従来の"相殺・清算という考え方"をすれば、東京都交通局は相模鉄道に対しても清算しなければならない（相鉄は都交通局に貸しができるため、都交通局も相鉄に貸しをつくって相殺しなければならない）。ところが、直接にはそれが出来ない点がじつに辛い。結果、都交通局は東急に対し相鉄車の分まで清算し（貸しをつくり）、東急が相鉄に都交通局分を含め清算する（貸しをつくる）図式となるわけだ。土曜・休日ダイヤにおいて、東急車が相鉄の横浜駅に現れる場面が多々あるのは、その

ためだろう。すなわち三田線の今は、東急線直通列車のうち相鉄線に関わらない日吉や新横浜折り返し列車に、東京都交車の運用が、やたら目立っている状況なのだ。ここは本当に、ややこしい。

■清算運用の裏技としての "代走"

話ついでにいえば、都営地下鉄三田線～東急目黒線において、列車の前面および後部面に掲げる運行番号が、「05K」などの東急車を表すKを尻につけた表示の東京都交車を目にしたことがある（くどいようだが、「運行番号」の詳細はのちほど説明する。なお、本来ならば、東京都交車の運行番号の尻にはTが付く）。

これは代走という清算運用の、ある意味"裏技"といえる手法で、東急車が都営三田線内での車両キロを稼ぎすぎるがために生じたものと推察される。本来は東急車の運用であるものに、一時的に東京都交車を入れ、車両キロの調整を図っていたという次第（現在はご承知のように相鉄線にまで乗り入れる一部の東急車運用を東京都交車が代走することはできないという制約がある）。

同じような現象はほかの地下鉄路線でもたまに見られる。東京メトロ半蔵門線

東京メトロ車の運行番号「57S」を表示した東急車

運行番号「05K」を表示した東京都交車⑤

で東京メトロ車の運用に東急車が入っている例や、東京メトロ千代田線でJR東日本車の運用に小田急車が、小田急車の運用に東京メトロ車が入っているのを見たことがある。車両キロ「清算」の有効な手段として活用されているのだろう。

なお、こうした代走は、輸送障害発生による列車ダイヤが大幅に乱れた際にもよく見られる現象で、その乱れ具合が大きくなると、以降、数日間にわたって代走が生じる場合もある。

■ダイヤ改正が生んだ奇妙な運用

ご承知のように東京メトロ千代田線関係では、2016（平成28）年3月26日のダイヤ改正を機にJR東日本車の小田急線乗り入れ、小田急車のJR常磐線乗り入れが実現した。これにより車両運用に関わる制約事項が大幅に減り、千代田線では輸送障害時の代走措置が、だいぶやりやすくなったといえようか。

2016（平成28）年3月26日改正以前、千代田線では小田急線直通列車にはJR東日本車は充当できず、常磐線直通列車には小田急車が充当できなかったことは、車両運用を組むうえで大きな災いとなっていた。先に述べた1978（昭和53）年の相互直通運転開始当初の話もそうなのだが、2014（平成26）年3月15日のダイヤ

改正の際にも、千代田線は車両運用で相当な苦労が見られた。

同改正から2016（平成28）年3月26日改正までの2年間、平日ダイヤでは日中、JR常磐線にも小田急線にも直通しない千代田線内完結の綾瀬〜代々木上原間列車にはJR東日本車と小田急車ばかりが用いられ、千代田線〜小田急線間の直通列車の多くは東京メトロ車の運用となっていたのだ。なぜか。

この現象は、2014（平成26）年3月15日改正において、千代田線と常磐緩行線の列車運転間隔を変更したことにより生じたものだった。

改正以前、千代田線は平日ダイヤ、土曜・休日ダイヤともに、日中は6分間隔の運転で、JR常磐線直通は2本に1本の割合とされていた。結果、常磐緩行線は日中12分間隔だった。これが改正後、千代田線は5分間隔、常磐緩行線は10分間隔となる（次頁図1参照）。

一方、小田急線直通列車は、改正前後ともに変わらずで、日中、千代田線内30分間隔の運転だった（現在は平日ダイヤ、土曜・休日ダイヤともに日中が20分間隔）。したがって、改正前は1時間に片道で2本（往復で4本）運転の小田急線〜千代田線間直通列車のうち1本はJR常磐線

東京メトロ16000系による「多摩急行」唐木田行。東京メトロ車の小田急多摩線入線は今はもう見られない

図1　ダイヤ改正前後の千代田線列車運転のパターン比較

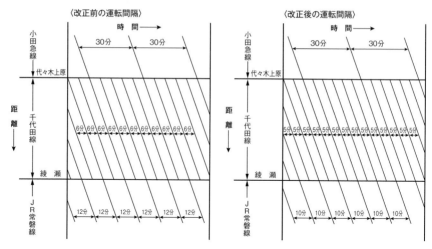

※改正前後ともにB線（代々木上原→綾瀬方向）列車を例示した。A線列車も同様

直通、もう1本は同線直通とはならない綾瀬折り返しだったものが、改正後は2本ともに、小田急線～千代田線～JR常磐線の3社またがり直通列車と化したわけだ。

　説明がくどくて恐縮だが、当時は3社またがりの直通列車に運用できるのは東京メトロ車のみ。だから、3社またがり列車は必然的に、東京メトロ車の限定運用とせざるを得なかった。改正前は、小田急線～千代田線直通列車のうち、綾瀬折り返しの列車を中心に小田急車が運用されていたので、そこそこバランスがとれていた。だが、改正後は、綾瀬～代々木上原間の千代田線内完結列車に小田急車を数多く運用し、車両キロの調整を図るしか手はなくなった。

　1時間当たり片道で6本（往復で12本）設定の千代田線～JR常磐線直通列車のほうも、当然ながら、うち2本は小田急線直通となる関係から、当該の2本は東京メトロ車の限定運用とならざるを得ない。そのあおりを受けてJR東日本車も、

千代田線内完結列車への運用が増えてしまった。平日の日中、綾瀬～代々木上原間折り返し運転の列車が小田急車とJR東日本車ばかりだったのは、このような事情による。

　今は、東京メトロ車、小田急車（60000形MSE車を除く）、JR東日本車のすべてが3社直通可能なので、もうダイヤ改正時に、そんなに悩む必要もなかろう。まずは目出度し、だ。

■「車両キロ」相殺の奥の手

　話を車両キロの清算に戻せば、代走という裏技を使ってもなお、車両キロの均衡が図れない場合の「奥の手」もある。

　次のダイヤ改正時に、貸しが多い側に今度は借りをたくさん作らせるよう、意図的に事業者間の車両運用バランスを崩すという妙手だ。

　たとえば、A社がB社に対し車両使用料の借りがある場合、次回のダイヤ改正時にB社がA社に借りができるように車両運用を組み変え、相殺にもっていくと

いう方策だ。そしてもしも、当該の改正ダイヤが長く使われ過ぎて、逆にB社が債務超過に陥った場合には、また、その

1974年当時の京成押上線京成立石駅の風景。見れば京急車の押上行があるが、このころ京成は都に貸しがあり、都は京急に貸しがあったため、京急が京成に貸しをつくって清算させようと京成線内を日中に行ったり来たりする京急車の運用が生まれた

次の改正でB社の債務を減らす運用とすればよい。

2016（平成28）年11月19日の都営地下鉄浅草線と関係する各社のダイヤ改正では、平日運転の西馬込18時42分発「快速特急」成田空港行（京成本線経由）および、その折り返しの成田空港20時38分発「快速」京成高砂行（京成本線経由）の使用車両が、京成車から東京都交車に変更された。

ダイヤ改正の際、列車の運転時刻はほとんど変わっていないのに、用いられる車両の所属社局がこっそり変わっているというのはよくある話だ。

京急線の羽田空港第1・第2ターミナル〜逗子・葉山間を往復する東京都交車などは、一頃ダイヤ改正のたびに消滅（京急車の運用に変更）したり復活したりを繰り返していた。いずれもおそらくは、車両キロの清算が絡んでの措置なのだろう。

■車両を"年季奉公"に出す!?

ここまでの説明でもおわかりのとおり、相互直通運転では充当車両の割り当てを事業者間で厳密に取り決め、決まったとおりに実行するのが基本だ。が、そうはしないケースもある。

東京の地下鉄に絡む事例としては、第三セクターの芝山鉄道と同じく横浜高速鉄道の車両が該当しよう（前者は現在、地下鉄とは間接的に絡む存在だが）。

これまで、芝山鉄道の車両については「京成電鉄からのリース物件」とか「自社線に入ることはあるものの、金町線や千葉線、千原線など京成線内列車への運用も多い」などと記してきた。

まさにそうであって、京成線〜芝山鉄道線間の直通列車は、大多数が京成車の運用であるため（都営浅草線〜京成線〜芝

山鉄道線間ならびに京急線〜都営浅草線〜京成線〜芝山鉄道線間の直通列車に関しては、現在、すべてが京成車の運用で、日によっては京成線〜芝山鉄道線間の列車もすべて京成車の運用となる）、芝山鉄道が京成電鉄から借り受けている3500形4両編成1本は、貸し付け元の京成電鉄に預けっぱなしで、同電鉄の4両編成限定運用（金町線の列車はすべてがそれだ。また、千葉線、千原線、東成田線、芝山鉄道線にも日中を中心に存在する）において勝手に使ってもらうことで、車両使用料の清算を行っている。ひらたくいえば、借金返済のため自社の車両を直通相手の社に、年季奉公に出しているような格好だ。

なお、芝山鉄道が京成電鉄より借用の車両だが、同鉄道発足当初は3600形8両編成1本だった。この車両、8両編成ゆえに都営地下鉄浅草線にも入線可能で

かつて存在した芝山鉄道3600形。都営浅草線にも乗り入れた

東急に預けっぱなしの横浜高速鉄道Y500系。東武東上線は志木まで乗り入れる

（京急線へは入線不可）、結果、西馬込発着の京成線直通列車にも運用されていた。

横浜高速鉄道も、みなとみらい線用車両Y500系は相互直通相手の東急電鉄に預けっぱなしだ。そして東急では、これを自社車両と運用を分けることなく、東横線の5050・5000系8両編成の運用に入れて使っている。そのため、東京メトロ副都心線経由で西武池袋線の飯能や東武東上線の志木といった埼玉県の諸都市にまで、横浜高速鉄道Y500系が出張ってくるというわけだ。

まあ、横浜高速鉄道の車両はともかくとして、芝山鉄道の車両が京成の金町線や千葉線、千原線を走れば、これは立派な「場違いな運用」となろう。

前にもふれたが、芝山鉄道線と横浜高速鉄道みなとみらい線は、列車の運転業務も相互直通相手の私鉄に委託していることも共通項だろう（前者は京成電鉄の、後者は東急電鉄のそれぞれ乗務員が運転業務を担当。よって、会社境界駅の東成田や横浜での乗務員交代は行われない）。どちらも、人、物ともに相手方に任せっきりなのが面白い。

■「折り返し駅」絡みの清算運用

債務弁済の手段として行われる"清算運用"こと車両の場違いな運用について述べてきたが、とくに債務過多とはなっていなくとも、"場違いな運用"が生まれる場合もある。これには、列車の折り返し駅におけるタイミングの問題が絡んでいる。

これまでにも、都営三田線の西高島平駅における東急車の折り返し問題を例に、少しふれてきたが、もう1つだけ具体例を示しておこう。

幾分、昔のこととなるが、東京メトロ

日比谷線と東急東横線が相互直通運転を行っていた末期のころ、東横線の菊名を12時59分に出発する日比谷線直通の北千住行、081122列車というのがあった（2011年9月当時の平日ダイヤにより話を進める）。

この列車、東急と東京メトロの境界駅の中目黒において、列車番号をB1281Kに変え、北千住には14時13分に到着する。列車番号末尾のKは東急車の運用を表している。

で、北千住での折り返しは14時20分発の中目黒行、A1481K列車となる。見事、東急車による東急東横線に直通しない列車が誕生した。

A1481K列車は終点の中目黒に15時03分に着く。ここで同列車に運用中の東急車は実家の仲間たちと再会するも、折り返し15時10分発のB1581K列車に変じ、ふたたび地下の暗闇へと向かう。北千住着は15時53分。

そのあとも、北千住16時02分発のA1681K列車で中目黒16時45分着、続いて中目黒16時52分発のB1681K列車で北千住17時35分着という具合。

これの折り返しが、北千住17時44分発の東横線直通菊名行、A1781K列車で、ようやく実家へ帰れるという寸法だ（例にあげた一連の列車番号を追っていけば、東京メトロの列車番号の付け方が、ある程度おわかりいただけると思う）。

なぜ、こんな場違いな運用が生じていたのだろうか。当時、日比谷線の東横線内相互直通区間は中目黒〜菊名間16.6キロで、北千住〜中目黒間20.3キロと比べれば、むしろ東急車が日比谷線内を走る運用本数を抑制しなければならなかったはずなのに。

この不可解な場違い運用誕生の最大原因は、やはりB1281K列車で北千住に着

日比谷線が東横線と相互直通を行っていた時代、中目黒行の東急車というのもよく見かけた

いた東急車の折り返し充当列車が、筋違いだったということではないか。本来ならば、東横線直通列車に充当すべきだろう。

だが、折り返しは中目黒行だ。どうしてなのか。

理由は簡単。東横線直通列車に充当しようとしても、B1281K列車が北千住に到着する14時13分以降、それは14時40分発の菊名行まで存在しない。北千住駅の折り返し線で30分近くも、この東急車を待機させるのは効率も悪いし、ほかの列車の折り返しにも支障をきたす。

第一、14時20分発の中目黒行に充当する車両を別に用意しなければならない。中目黒行だろうとなんだろうと、車両はすぐに折り返したほうが運用上、効率的だろう。

要するに本件は、折り返しのタイミングが合わないのだ。

14時40分発の菊名行の発車時刻を、もう少し早めてやればよいではないか、と思われるかもしれない。が、東武伊勢崎線から日比谷線へ直通する列車との絡みもあるし、東急東横線のダイヤ自体も大きくいじくらなければならない。これは容易ならざる作業だ。

この1本の折り返し問題解決のために、東京メトロ、東武、東急の3社間で協議に膨大な時間と労力を費やすというも

馬鹿馬鹿しい。あちらを立てればこちらが立たず、といったことにもなりかねない。ほかの問題が多数噴出して、収拾がつかなくなることもありうる。藪からヘビとならないためにも、当該の東急車には目をつぶってもらうしか手はなかったのだ。

この例は、乗り入れてきた東急車の折り返しタイミングが合わず、やむを得ず日比谷線内を２往復して帰宅のタイミングを待つ、といった筋書きだが、これでは東京メトロが東急に支払うべき車両使用料がかさむ一方だ。東京メトロ車の東急直通運用を増やし、調整を図る必要があり、実際、当時の時刻表を見れば、東横線直通の菊名行は、列車番号の末尾にＳの付いた東京メトロ車の運用が妙に目立っている。

■多摩田園都市を走る東武電車

ついでに"折り返し"が絡む、また別の話をする。

ある鉄道事業者の車両が地下鉄に乗り入れたのはいいが、その地下鉄の終点で折り返しが叶わず、結局、さらに先へと続く別の事業者の路線にまで直通しなければならなくなったというケースだ。

東京メトロ（交通営団）、東武、東急の３社は不思議なご縁で、日比谷線のほかに半蔵門線、副都心線でも相互直通運転の関係を結ぶようになった（残念ながら日比谷線は現在、のちほどお話する車両定期検査の際の工場入出場回送列車を除き東急とは無関係）。

半蔵門線の東武側相手路線は日比谷線と同じく伊勢崎線（東武スカイツリーライン）・日光線となるが、相互直通運転の形態は、その開始当初から日比谷線とは、かなり異なったものだった。

日比谷線絡みの相互直通運転では、東武車が東急線に入ることはなく、東急車も東武線に入ることがなかったのは、もうご承知のとおり。だが、半蔵門線では、東武との相互直通運転が始まった時点から、東武車は東急線に乗り入れ、同様に東急車も東武線に遠慮なく乗り入れてきた。

直通開始のころは、"下町を走る東急電車に多摩田園都市を走る東武電車"などと謳われて、巷でもそれなりに話題となったものだ。

どうして日比谷線と半蔵門線とでは、メンバーは同じなのに、ことほど左様に相互直通運転の形態を異にしたのだろうか。

それは地下鉄半蔵門線と東急田園都市線の境界、渋谷駅の構造が大きく関係していた。

1978（昭和53）年に東急との直通運転を始めた地下鉄半蔵門線のその相手に、新たに東武が加わるのは、これからだいぶ月日が経過した2003（平成15）年のこと。日比谷線北千住口の混雑緩和を狙った措置だった。

東武の直通列車は東京の下町、押上から半蔵門線に入る。で、日比谷線の流儀からいけば、当該の直通列車は半蔵門線の南側の終端駅渋谷において折り返しになるはずだが、そんなことはできぬ相談だった。

なにしろ、地下鉄半蔵門線と東急田園都市線は付き合いが長いだけに関係が濃密で、境界駅の渋谷で折り返しとなる列車は、早朝と深夜に田園都市線列車がごく少数、存在するのみだった（既述のとおり一頃、日中に渋谷終着・始発となる田園都市線列車もあった。しかし、早朝・深夜の渋谷駅終着・始発列車が実際に同駅で

折り返しているのに対し、日中のそれらは、半蔵門まで回送のうえ折り返しとされていた）。現実の話、渋谷駅には半蔵門線側から来た列車が折り返せる設備は用意されていない。

したがって、新規参入の東武からの直通列車は、好むと好まざるとにかかわらず、東急田園都市線にまで入っていかなければならなかった。結果、多摩田園都市を走る東武電車を目の当たりにすることと相成った。

むろん、東武車が田園都市線にまで入れば、その返礼として東急車も伊勢崎線・日光線へと進出しなければ、辻褄が合わない。

よって、東京メトロ（直通開始時は交通営団）対東武、東京メトロ（同）対東急だけでなく、東武対東急にも相互直通の関係ができて、車両キロの調整、車両使用料の清算も、これまたややこしくなったということだ。

まあ、車両運用上の制約が少なく、代走がやりやすいとかダイヤ改正時の運用作成が楽といった良い面もあろうが、その他もろもろの取り決め事についても直接的に３者が絡むので、協議はなにかと大変だと思う。資料８（179頁）と資料９（181頁）は、2003（平成15）年の３者間相互直通運転開始の際に交わされた文書だ。細かいことがお好きな御仁は、どうかとくと御覧あれ。

なお、この地下鉄半蔵門線と東武伊勢崎線・日光線が相互直通運転を開始した際、当然ながら営団車（当時）だけでなく、東急車にも東武型ATSの車上装置が搭載された。ただ、田園都市線〜半蔵門線間を運転する列車は、すべてが東武側へ乗り入れるわけではないので、節約のためにか東武型ATS装備を見送った東急

車も一部あった。ゆえに、田園都市線における東急車の運用は、東武直通組と非直通組とに分けられていた（東急の東武非直通車編成の先頭車前面フロントガラスには、○のなかに「K」を記した表示があった。なお、現在の東急車はすべて東武直通可能）。

さて、ここで話は車両使用料清算の総論にかかわるものとなってくるが、近頃は消費税の適正徴収などの社会的問題もあり、車両キロ均衡による相殺といった物々交換的手法は好ましくないとする税務当局筋の指摘もあるという。

結果、実際に車両使用料を相手の事業者に支払っているとも聞く。だとしても、Ａ社がＢ社に支払う金額と、Ｂ社がＡ社に支払う金額を極力等しくするのが公平で望ましい。したがって“乗入れ車両料は相互間の均衡を保持する”こと、すなわち相殺・清算という考え方が、支払金額の相互均等化の手段としても有用で、従来どおり肝心といえる。

---

6 「連絡運輸」ときっぷの問題

■連絡運輸とは何か？

異なる鉄軌道事業者間において、相互直通運転なり片直通運転なりを始める際、忘れてはならないことのひとつに、当該事業者間での連絡運輸の協定締結というのがあった。

「連絡運輸」とは、経営の異なる運輸機関（事業者）が協議を行い、旅客や荷物、貨物を円滑に受け渡し輸送することを目的として結ぶ協定であり、この協定を結んだ運輸事業者間（鉄道以外に乗合バスや船舶ほかの事業者も存在する）では、通しの乗車船券（きっぷ）などの発売が契

約によって可能となる。

直通運転では、旅客は列車に乗ったまま、人によっては知らぬままに別の事業者の路線へと入ってしまうのだから、境界の駅できっぷを買い直すことなど不可能。よって、旅客を初めに乗せる事業者は、その"別の事業者"にまたがった乗車券類（連絡きっぷ）を旅客に発売する必要がある。過去には、直通運転の開始と同時に、直通区間を中心とした連絡きっぷの発売が、ほぼ確実に行われていた。

ただ、この連絡きっぷ、通しのきっぷだからといって運賃や料金まで通しで計算されているわけではない。きっぷのお代こそ連絡運輸の契約によって、それを発券した事業者が一括で受け取るが、運賃そのものについては事業者ごとの認可運賃を別々に収受していることになる。特急料金や座席指定料金なども同様だ。

連絡きっぷは、基本的には乗車区間内の事業者ごとの個別の運賃・料金の合算額であり、ほかの事業者の分まで旅客からお金を受け取った発券事業者は、のちにその分を「ほかの事業者」に支払っている。

車両使用料同様、関係事業者間相互でそれが均衡していれば、事務手続のみで現金の受け渡しをしなくても済むのだが、お互いの清算すべき金額がまったく同じとなることなど、まずないだろう。

こうした連絡きっぷの性質も、車両使用料同様、鉄道における列車の直通運転の実像を如実に物語っているといえる。すなわち、車両と乗客は異なった事業者間を直通するが、直通列車を運行する事業者同士は、経営的にも営業的にも、また運営についても、まったくの他人の関係を維持しているということだ。

■ICカードで連絡きっぷが消える？

ところで、近年は、複数の鉄軌道事業者で共通に使えるICカード乗車券の普及から、連絡運輸は直通運転には必須とは言い切れなくなっているのも確かだ。実際、列車の直通先すべてにまで連絡きっぷの発売が行われていないケースも、近頃は増えてきた。

たとえば副都心線と東横線の相互直通開始当時の話だが、横浜高速鉄道みなとみらい線の各駅（横浜を除く）で発売可能な連絡きっぷ（連絡普通乗車券）は、横浜接続の東京急行電鉄（当時）各駅、京浜急行電鉄各駅（泉岳寺を除く）、相模鉄道各駅までで、列車の直通運転先である東京メトロ副都心線、東武鉄道東上線および西武鉄道の西武有楽町線・池袋線までのきっぷは買うことができなかった。

結果、直通列車に乗って、それらへ向かおうとする旅客は、東京急行電鉄渋谷までの連絡きっぷを購入のうえ着駅で精算するか、ICカード乗車券を使うかの選択となっていた（逆方向の東上線や西武線から、みなとみらい線へ向かう場合は、みなとみらい線内ならびに副都心線内が乗り降り自由となるお得な往復きっぷ「西武横浜ベイサイドきっぷ」「東上横浜ベイサイドきっぷ」が発売されている）。

ちなみに、みなとみらい線の元町・中華街と西武線の所沢・飯能・西武秩父間運転の座席指定制列車「S‐TRAIN」の座席指定券ならば、同列車運転開始時から、みなとみらい線各駅で西武秩父まで買うことができた。

なお、2023年3月には、首都圏において連絡きっぷの大幅な縮小が行われている。もう紙のきっぷの時代ではないのかもしれない。

第④章 相互直通運転の謎——運行番号から境界駅まで

1　東京の地下鉄における「運行番号」のからくり

　ここまでの話のなかで、"運行番号"なるものが幾度となく出てきたことを、覚えておられようか。該当する文章を今一度、ここで書き写してみる。

……"運行板"とは、のちほど説明する運行番号（「71S」「03T」「91K」などの2桁の番号とアルファベットが組み合わさったもの）を表示するもの……

……2023年4月現在の東京メトロ日比谷線の平日ダイヤから、運行番号「31T」が与えられる東武車の運用を書き出してみよう……

……都営地下鉄三田線～東急目黒線において、列車の前面および後部面に掲げる運行番号が、「05K」などの東急車を現すKを尻につけた表示の東京都交車を目にしたことがある……

……本来ならば、東京都交車の運行番号の尻にはTが付く……

　最初の引用にあるように、「運行番号」とは2桁の数字であり、その尻にはアルファベットの1文字を添える慣わしとなっている（本書ではアルファベットまで含んだ2桁数字＋1文字全体を広義的に「運行番号」と表記する）。この尻の1文字は、

東京の地下鉄各線の列車番号（列車個々を識別するため、列車ごとに与えられる番号。たとえば日比谷線では「A531T」「B1431T」などの列車番号が見られる）の尻に付くアルファベット1文字とも共通している。まずは、末尾のアルファベット文字が意味するところをお示しする（次頁表4-1）。

　ご覧のとおり、運行番号および列車番号のお尻に付くアルファベットは、当該の運用・列車に用いられる車両編成の所属社局を表している。

　基本的には事業者名の頭文字が由来のようだが、そうではないのも多い。東京メトロのSは「サブウェイ」絡みであり、JR東日本のKは前身の「国鉄」の頭文字から。東急がTではないのは、東武がTとしたためで、重複を避けるため「東急」の「急」に由来するKとなった。京急がKを使わなかったのも、すでに京成がKを用いており、やむを得ず「京浜急行」の「浜（ひん）」に関わるHとしたわけだ。北総も本来ならばHとなろうが、京急にて使用済のため「北（ノース）」由来のNに落ち着いた。

　難解なのは西武のMで、これは池袋線を建設した武蔵野鉄道の頭文字だといわれている。小田急がOでないのは、数字の「0」と混同しやすいためだと思われ、かつて使っていた略号「OER」の2文字目のEを用いたようだ。埼玉高速のMも苦労が多く、「埼」由来のSも「玉」由来のTも東京メトロと東京都交通局で使用済み（白銀高輪～目黒間の両地下鉄事

表4-1 列車番号のアルファベットが示す車両編成の所属先

路線名	車両編成の所属先
東京メトロ 日比谷線	S：東京メトロ T：東武鉄道 （かつては、K：東京急行電鉄）
東京メトロ 東西線	S：東京メトロ K：JR東日本 T：東葉高速鉄道
東京メトロ 千代田線	S：東京メトロ K：JR東日本 E：小田急電鉄
東京メトロ 有楽町線	S：東京メトロ T：東武鉄道 M：西武鉄道 （かつては、E：小田急電鉄）
東京メトロ 半蔵門線	S：東京メトロ K：東急電鉄 T：東武鉄道
東京メトロ 南北線	S：東京メトロ K：東急電鉄 M：埼玉高速鉄道 G：相模鉄道
東京メトロ 副都心線	S：東京メトロ T：東武鉄道 M：西武鉄道 K：東急電鉄（横浜高速鉄道所属 　を含む） G：相模鉄道
都営地下鉄 浅草線	T：東京都交通局 K：京成電鉄（芝山鉄道所属を含 　む。ただし、現在は地下鉄直 　通列車に運用されていない） H：京浜急行電鉄 N：北総鉄道（財産上における千 　葉ニュータウン鉄道所属を含 　む）
都営地下鉄 三田線	T：東京都交通局 K：東急電鉄 G：相模鉄道
都営地下鉄 新宿線	T：東京都交通局 K：京王電鉄

業者共用区間に注意）。やむなく「玉（たま）」の"ま"由来と推測するMとされた。相鉄のGも苦肉の策で、「相」由来のSも「模」由来のMも使えないので「Sagami」の頭から3文字目のGとなった。

アルファベットの意味がわかったところで、今度は「運行番号」について。

ルールに基づき組成された車両編成が、車両基地から出庫して、また車両基地へ入庫するまでの仕事内容（出庫先、入庫先は車両基地ではなく、駅構内の場合もある）、すなわち、当該の車両編成を順々にどの列車に充当していくのかといった段取り（行程・行路）を1日単位（都市圏の通勤路線の場合）で定めたものを車両運用という（運用途中で車両基地に一旦入庫となるケースもある）。人間の仕事にたとえるなら、勤務ローテーションといったところか。

当然、列車本数が多くなれば、比例して車両運用数も多くなる。そこで、管理上、1番運用（運行）、2番運用（運行）……といった具合に、運用個々に番号を振って区別する。その車両運用識別番号のようなものが「運行番号」だ（「運用番号」などとも呼ばれるが、本書では「運行番号」という表記で統一する）。

東京の地下鉄路線では、この「運行番号」を、列車の最前部面および最後部面に行先や列車種別とともに表示する決まりがある。なお、東京の地下鉄の「運行番号」は私鉄など他社線との相互直通運転を行う路線では、既述のとおり2桁数字＋アルファベット1文字だが、相互直通運転を行わない路線の場合は、車両編成の所属社局を識別する必要がないので、数字のみとなる。

前の話では、清算運用と思しき事例として、東京メトロ日比谷線の北千住〜中

運行番号「08K」を表示した東急車と「04S」を表示した東京メトロ車

運行番号「13T」を表示した東京都交車（左）と「25N」を表示した北総車（右）

組運行番号が与えられた車両編成は、相鉄線内の折り返し駅や、日中の一旦入庫時などに奇数↔偶数と運行番号表示が変わったりする。「11K」→「12K」、「36G」→「35G」といった具合）。自社線内完結運転の列車では基本的に運行番号表示を行わない東武鉄道、西武鉄道、京王電鉄（井の頭線を除く）、小田急電鉄の各社においても、地下鉄直通列車（およびそれと関連する運用の自社線内列車）に限っては運行番号を表示している。

もちろん、JR東日本でも地下鉄直通列車は運行番号を表示するが、こちらはその方式がいささかややこしい。

JR東日本の首都圏各線の場合、運行番号ではなく列車番号をフル表示するのが基本だ（国鉄時代を含め、旧"国電"線区では従来は運行番号表示だったが、現在は列車番号表示となっている）。よって、地下鉄と相互直通運転を行う常磐緩行線、中央・総武緩行線でも自社車両のE233系2000番台とE231系800番台については列車番号をフル表示している（地下鉄との境界駅、綾瀬、中野、西船橋で運行番号と列車番号の表示切替を行う）。

それなのに、乗り入れてくる東京メトロ所属車両編成と小田急電鉄所属車両編成は、JR線内運転中であっても運行番号を表示したままとなる。まあ、不統一といえば、それまでなのだが、これは車両に搭載の番号表示器の仕様が会社ごとに異なるため生じる現象といえよう。

目黒間を一日中行ったり来たりする東武鉄道所属車両編成の「31T」運行（2023年4月現在の平日ダイヤ）を紹介している。当該の運用に入る東武車は当日、出庫から入庫までの間、どの列車に充当されていても車両編成の前後部面には「31T」を表示し続けるというわけだ。

また、この運行番号の表示は、相互直通相手の路線内を運転中であっても実施する（東急目黒線で運用される東急車、相鉄車は奇数の運行番号と、その奇数に＋1した偶数の運行番号を一組として、1本の車両編成の1日に割り当てることがある。これは南北線直通運用は偶数の運行番号、三田線直通運用は奇数の運行番号とする定めのためで、1日に南北線と三田線の運用が込みになっている場合に生じる。当該の

2 列車番号から追跡できる車両編成の1日の仕事

■車両編成の運用を追いかける

ところで列車番号だが、東京メトロと都営地下鉄の各線では、それが運行番号とじつに深い関わりを持っていることは知る人ぞ知る、の話だ。

図2は、相互直通運転を行う東京の地下鉄各線での列車番号の付け方を示したものだが、ご覧のとおり、東京メトロの列車番号は運行番号に当該列車の始発駅発車時刻の「時」の数字を冠し、さらにその頭に運転方向を表すAもしくはBを付けたものだ。都営地下鉄の列車番号もほぼ同様の方式で、奇数にて設定の運行番号、または運転方向を区別するためにそれから1を引いた数字（偶数）に、当該列車の始発駅発車時刻の「時」を冠したものとなっている。

めざとい方ならば、もうお気づきのように、以上のことから、『マイライン東京時刻表』（交通新聞社刊）などを用意すれば、自宅にいながら、東京の地下鉄各線における車両編成の運用をある程度は追跡できる。

『マイライン東京時刻表』とは、"首都圏100kmエリアのJR・私鉄・地下鉄 全線・全時刻掲載"が売りの時刻表で、むろん列車番号についても全列車のものが載っている。だから、たとえば、東京メトロ日比谷線関係の運行番号「31T」の運用に入る東武鉄道所属車両編成の1日の仕事ぶりを探りたい場合には、日比谷線および東武スカイツリーラインのページを開き、列車番号の十位以下が「31T」となる列車を拾い出していけば、いとも簡単にそれがあぶり出せる。

都営地下鉄も同じで、浅草線関係の「01K」という京成電鉄所属車両編成の1日を追いたければ、浅草線と京成押上線・本線・成田スカイアクセス線および京急本線・空港線のページを開き、「01K」と「00K」を尻とする列車番号の列車を探せば目的を果たせる。

ただし、『マイライン東京時刻表』を使って運用追跡をする場合、いくつか留意すべき点がある。

「平日ダイヤ」と「土曜・休日ダイヤ」を混同しないことは言わずもがなだが、列車番号の掲載法や省略事項なども、ある程度は知っておいたほうがよさそうだ。当該の留意点は次のとおり。

● 東京メトロの列車番号において、頭のA、Bは『マイライン東京時刻表』では省略されている。
● 東武鉄道の東武スカイツリーラインおよび東上線の列車番号において、頭のA、B、C、D、E、F（その意味はのちほど説明）は『マイライン東京時刻表』では省略されている。
● 『マイライン東京時刻表』の「東京メトロ千代田線・常磐線各駅停車」のページに掲載の列車番号は、常磐線と千代田線にまたがって走る列車（小田急線直通を含む）についてはJR側の列車番号のみを記載している。

■JR東日本の列車番号の付け方

殿（しんがり）に、「常磐線と千代田線にまたがって走る列車」は「JR側の列車番号のみを記載」とあるが、そもそも東京メトロとJR東日本とでは、列車番号にどのような違いがあるというのだろうか。

結論から言えば、首都圏のJR線のうち、元国電区間ならびに総武線快速・横須賀線や相模線では、都営地下鉄とほぼ

図2　相互直通運転を行う東京の地下鉄路線における列車番号付番方法

[東京メトロ（日比谷線・東西線・千代田線・有楽町線・半蔵門線・南北線・副都心線）]

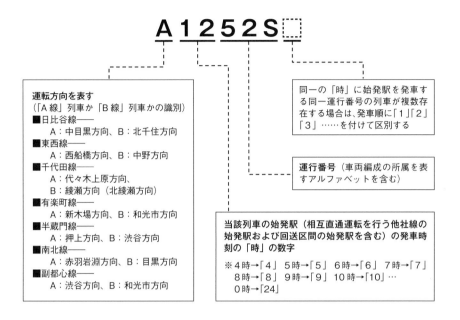

A1252S □

運転方向を表す
（「A線」列車か「B線」列車かの識別）
■日比谷線──
　　A：中目黒方向、B：北千住方向
■東西線──
　　A：西船橋方向、B：中野方向
■千代田線──
　　A：代々木上原方向、
　　B：綾瀬方向（北綾瀬方向）
■有楽町線──
　　A：新木場方向、B：和光市方向
■半蔵門線──
　　A：押上方向、B：渋谷方向
■南北線──
　　A：赤羽岩淵方向、B：目黒方向
■副都心線──
　　A：渋谷方向、B：和光市方向

同一の「時」に始発駅を発車す
る同一運行番号の列車が複数存
在する場合は、発車順に「1」「2」
「3」……を付けて区別する

運行番号（車両編成の所属を表
すアルファベットを含む）

当該列車の始発駅（相互直通運転を行う他社線の
始発駅および回送区間の始発駅を含む）の発車時
刻の「時」の数字

※4時→「4」　5時→「5」　6時→「6」　7時→「7」
　8時→「8」　9時→「9」　10時→「10」…
　0時→「24」

[都営地下鉄（浅草線・三田線・新宿線）]

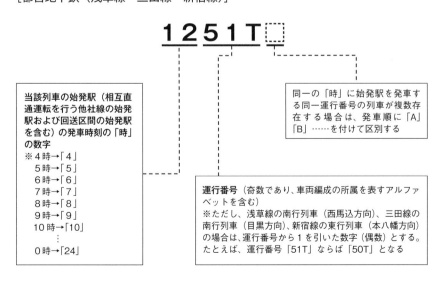

1251T □

当該列車の始発駅（相互直
通運転を行う他社線の始発
駅および回送区間の始発駅
を含む）の発車時刻の「時」
の数字
※4時→「4」
　5時→「5」
　6時→「6」
　7時→「7」
　8時→「8」
　9時→「9」
　10時→「10」
　　：
　0時→「24」

同一の「時」に始発駅を発車す
る同一運行番号の列車が複数存
在する場合は、発車順に「A」
「B」……を付けて区別する

運行番号（奇数であり、車両編成の所属を表すアルファ
ベットを含む）
※ただし、浅草線の南行列車（西馬込方向）、三田線の
南行列車（目黒方向）、新宿線の東行列車（本八幡方向）
の場合は、運行番号から1を引いた数字（偶数）とする。
たとえば、運行番号「51T」ならば「50T」となる

同じ列車番号の付け方を採用しており、仔細は省略するが、山手線以外の各線は、上り列車（京浜東北線は北行列車、中央・総武緩行線は東行列車）が奇数の運行番号から1を引いた偶数の数字を列車番号に含めている。

で、東京メトロ千代田線の相互直通相手・常磐緩行線の列車番号だが、取手方向が下り列車で運行番号に始発駅発車時刻の「時」の数字を冠した番号で、綾瀬方向は上り列車で運行番号から1を引いた数字に始発駅発車時刻の「時」を冠した数字となる。尻に付くアルファベットは、千代田線の定めと同じく、Sが東京メトロ、KがJR東日本、Eが小田急電鉄のそれぞれ所属車両編成使用列車だ。

『マイライン東京時刻表』2023年版首都圏大改正号から具体例を示そう。平日ダイヤにおいて常磐線の我孫子を早朝4時29分に発つ千代田線直通の「各駅停車」代々木上原行414K列車というのがある。JR東日本所属車両編成による「15K」運行の振り出しの列車だ。これはJR東日本・東京メトロ境界駅の綾瀬において列車番号がA415Kに変じるわけだが、『マイライン東京時刻表』の「東京メトロ千代田線・常磐線各駅停車」のページでは、JR側の列車番号414Kのみしか記されていない。一方、逆方向は、千代田線内B547S列車ならば、綾瀬からの常磐線内は547S列車となり、『マイライン東京時刻表』では（Bを省略した）547Sのみ記されるといった具合だ。

重箱の隅をつついたような話だが、留意しておいても損にはならないと思う。

常磐緩行線の列車番号末尾のアルファベットは、千代田線と同じということだったが、同じJR線でも、東京メトロ東西線と相互直通運転を行う中央・総武緩行線では、それが地下鉄側とまったく異なったものとなるので、またややこしい。

東西線と中央・総武緩行線とをまたがって走る列車は、先の綾瀬同様、会社境界駅の中野と西船橋において列車番号が変わるのだが、こちらは尻のアルファベットまで変じてしまう。

『マイライン東京時刻表』2023年版首都圏大改正号掲載の平日ダイヤで例を示せば、中央線（中央本線）の三鷹を6時42分に発車する東西線・東葉高速線直通「各駅停車」（中野から「快速」）東葉勝田台行636A列車というのがあり、これは中野でA637S列車に変わる。その少し前の三鷹6時31分発の東西線経由「各駅停車」津田沼行610Y列車も中野でA611K列車となり、西船橋で再び610Y列車に戻って総武線（総武本線）を津田沼へと向かう。

このようなアルファベットまでの変更は、東西線ではSが東京メトロ所属車両編成、KがJR東日本所属車両編成、Tが東葉高速鉄道所属車両編成を表すのに対し、中央・総武緩行線ではSやKを用いての所属先識別は行わず、Yが東西線直通で同線内も「各駅停車」となる列車、Aが東西線直通で同線内「快速」または「通勤快速」となる列車、という使用法ゆえに生じている。

ちなみに、中央・総武緩行線の列車番号には、ほかにB、Cが付くものがある（というか、これらが圧倒的に多い）。BとCは東西線直通以外のJR線内列車に対するもので、Bが一般的な2桁の運行番号が与えられた車両編成使用列車、Cが3桁の運行番号が与えられた車両編成使用列車となる（運行番号が3桁の101ならば「01C」とされ、その車両編成を使用する列車が始発駅を16時台に出発する東行であれ

ば、列車番号は「1600C」）。

東京メトロ東西線の列車番号について
も補足すれば、JR線直通以外の「快速」
「通勤快速」は末尾のS、K、Tのあとに
Rが付く。ただ、これも『マイライン東
京時刻表』では省略されている。

余談だが、千代田線および東西線では
JR東日本所属車両編成の運行番号は、
当然ながら奇数限定だが、東京メトロ所
属車両編成の運行番号には偶数も存在す
ることもある。しかし、JR線直通列車
が組み込まれている運用では、運行番号
は奇数限定となる。理由については、も
う述べるのも野暮だろう。

面白いことに東西線では、東葉高速鉄
道所属車両編成の運行番号がすべて偶数
だ。同鉄道の車両編成は中央・総武緩行
線には一切乗り入れないので、そうであ
ってもまったく問題が起こらない。

■東急電鉄の列車番号の付け方

東急電鉄にも地下鉄と相互直通運転を
行う路線が多数あるので、運用追跡のた
めには、同社の列車番号付番法も知って
おいたほうが無難だろう。

東急の列車番号も、運行番号ベースな
のだが、その方式は東京メトロや都営地
下鉄、そしてJR東日本などとはだいぶ
違う（地下鉄線にまたがっての運転となる
列車は、境界駅の渋谷、目黒にて列車番号
を変える。なお、東横線と相互直通運転を
行う横浜高速鉄道みなとみらい線では、東
急方式の列車番号をそのまま用いるため、
境界駅の横浜における列車番号の変更は行
わない。一方、東横線、目黒線、東急新横
浜線と相模鉄道各線とにまたがって運転す
る列車は、境界駅の新横浜駅で列車番号が
変わる）。

次頁の図3は、東京メトロ副都心線と

相互直通運転を行う東横線（東急新横浜
線にまたがる列車を含む）、東京メトロ南
北線・都営地下鉄三田線と相互直通運転
を行う目黒線（目黒線〜東横線、東急新横
浜線にまたがる列車を含む）、東京メトロ
半蔵門線と相互直通運転を行う田園都市
線それぞれの列車番号付番法を示したも
のだ。なかなか緻密な方式ではないか。
東横線と目黒線の列車番号における十万
位の数字は、車両編成の所属社局を表す
ものとなる。

なお、東横線では車両編成1本（1編
成）当たりの連結両数によって運用が分
かれており（8両編成の「各停」「急行」
列車運用と10両編成の「急行」「通勤特急」「特
急」列車運用の2種が存在）、運行番号で
も番台区分でこれを区別しているが、田
園都市線は10両編成のみの運用（大井町
線直通列車を除く）なので、そういった
区分はない。

目黒線については、東京都交車に8両
編成と6両編成の混在が見られるが、運
行番号での番台区分は明確にはないよう
だ（東急車、相鉄車は8両編成のみ。東京
メトロ車、埼玉高速車は2023年4月段階で
は6両編成のみだったが、2023年末に東京
メトロ車の一部に8両編成が登場する）。

東急東横線の自由が丘駅にて東京メトロ車の「各停」
和光市行を西武車の「特急」保谷行が追い越す光景。
左の東京メトロ7000系は10両編成と8両編成の2種が
あったが、「各停」に運用されるのは後者のみだった。
これは後継の17000系も同様

図3　東急電鉄の地下鉄相互直通運転路線における列車番号付番方法

［東横線・目黒線・（みなとみらい線）］

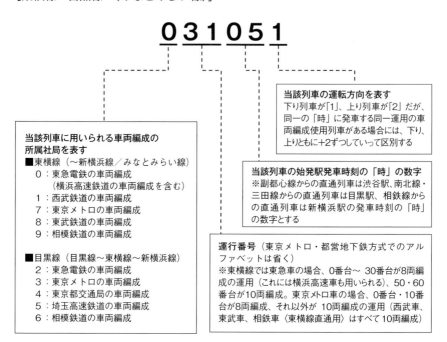

031051

当該列車の運転方向を表す
下り列車が「1」、上り列車が「2」だが、同一の「時」に発車する同一運用の車両編成使用列車がある場合には、下り、上りともに＋2ずついっていって区別する

当該列車に用いられる車両編成の所属社局を表す
■東横線（～新横浜線／みなとみらい線）
　0：東急電鉄の車両編成
　　　（横浜高速鉄道の車両編成を含む）
　1：西武鉄道の車両編成
　7：東京メトロの車両編成
　8：東武鉄道の車両編成
　9：相模鉄道の車両編成

■目黒線（目黒線～東横線～新横浜線）
　2：東急電鉄の車両編成
　3：東京メトロの車両編成
　4：東京都交通局の車両編成
　5：埼玉高速鉄道の車両編成
　6：相模鉄道の車両編成

当該列車の始発駅発車時刻の「時」の数字
※副都心線からの直通列車は渋谷駅、南北線・三田線からの直通列車は目黒駅、相鉄線からの直通列車は新横浜駅の発車時刻の「時」の数字とする

運行番号（東京メトロ・都営地下鉄方式でのアルファベットは省く）
※東横線では東急車の場合、0番台～ 30番台が8両編成の運用（これには横浜高速車も用いられる）、50・60番台が10両編成。東京メトロ車の場合、0番台・10番台が8両編成、それ以外が 10両編成の運用（西武車、東武車、相鉄車〈東横線直通用〉はすべて10両編成）

［田園都市線］

077051

運行番号（東京メトロ方式でのアルファベットは省く）。田園都市線列車の運行番号は2桁の数字なので十万位は「0」になる（大井町線〔田園都市線直通列車を含む〕・こどもの国線の運行番号が百番台の3桁数字である）
※田園都市線の運行番号で01～49は東急電鉄の車両編成、50以降の偶数が東武鉄道の車両編成、51以降の奇数が東京メトロの車両編成による運用

当該列車の運転方向を表す
下り列車が「1」、上り列車が「2」だが、もしも同一の「時」に発車する同一運用の車両編成使用列車が生じる場合は、下り、上りともに＋2ずついって区別する

当該列車の始発駅発車時刻の「時」の数字
※半蔵門線からの直通列車は渋谷駅の発車時刻の「時」の数字

★発車時刻の「時」の数字は、5時台、6時台、7時台、8時台、9時台の発車は「05」「06」「07」「08」「09」と表記。また、午前0時台の発車は「24」と表記する。

なお、目黒線における東急・相鉄所属車両編成の運用は、南北線直通と三田線直通とがあり、これに対応して運行番号も区別される。既述のとおり、南北線直通は偶数、三田線直通は奇数だ。後者が奇数を用いるのは、またまた説明も野暮だろう。

■東武鉄道の列車番号の付け方

　東急電鉄以外の首都圏の地下鉄と相互直通運転を行う私鉄や第三セクターでは、どのように列車番号を付番しているのだろうか。

　東葉高速鉄道と埼玉高速鉄道は東京メトロ方式を踏襲していることは、至極当然だ。

　東武鉄道も、地下鉄直通列車の列車番号に限っては、東京メトロ方式に類したものを採用する（十位・一位に運行番号が入り、末尾のアルファベットの意味も東京メトロと同じ）。東京メトロとの相違点は表4-2のとおり。

　「浅草線ファミリー」とでも呼べそうな、京成電鉄、芝山鉄道、北総鉄道、京浜急行電鉄の各社も、地下鉄直通列車やそれに関連した運用の自社線内列車には都営地下鉄方式の列車番号を用いている。ただ、京急に関しては、若干の相違点がある。

　根本的なことだが、京急の列車番号は、浅草線の列車番号と整合させるため、十位・一位の数字は下り列車のほうが運行番号マイナス1の偶数となる。

　そして、京急所属の車両編成を使用する浅草線直通の「快特」列車と「エアポート快特」列車、それに関連する運転の自社線内運転となる「快特」列車、「エアポート快特」列車は、京急線内の品川以南では列車番号末尾のアルファベット

をHではなくSHとする。また、列車番号重複回避の手筈は、ほかの「浅草線ファミリー」が列車番号末尾のアルファベットのあとに発車順にA、B……を付け

表4-2　東武鉄道の地下鉄直通列車の列車番号付番方法（十位・一位、末尾文字は東京メトロ方式と同じ）

［伊勢崎線（東武スカイツリーライン）・日光線］

①千位・百位の数字
• 始発駅発車時刻の「時」の数字が基本
• ただし、半蔵門線直通の「準急」列車と日比谷線直通の「THライナー」列車に限り千位を無条件に「4」とする（始発駅を5時台に発車する列車の場合、千位・百位の数字は「45」、6時台ならば「46」、22時台は「42」、23時台は「43」といった具合）

②列車番号の頭に冠するアルファベット
• 日比谷線直通列車は下りB、上りA（結果、日比谷線内と同じになる）
• 半蔵門線直通列車は下りがD基本で久喜行に限りF、上りはC基本で久喜始発に限りEとする

※列車番号が半蔵門線・日比谷線内と異なる列車は、押上・北千住で変更する。

［東上本線（東上線）］

①千位・百位の数字
• 始発駅発車時刻の「時」ではなく、有楽町線直通列車は「21」を基本として、列車番号の重複を避けるため「22」「23」「24」も使用する
• 副都心線直通列車のうち、東上線内を「快速急行」として運転する列車は千位の数字がなく百位が「1」を基本として、列車番号の重複を避けるため「2」「3」も使用する
• 副都心線直通列車のうち、東上線内を「急行」として運転する列車は「11」
• 副都心線直通列車のうち、東上線内を「普通」として運転する列車は「31」基本の重複回避で「32」「33」も使用する

②列車番号の頭に冠するアルファベット
• 下り列車の場合、志木行をB、川越市行をD、森林公園・小川町行をFとする
• 上り列車は、志木始発をA、川越市始発をC、森林公園・小川町始発をEとする

※有楽町線・副都心線直通列車は、和光市で列車番号を変更する。

るのに対し、京急では発車順に「（なし）」、X、Yを付けて区別する（最初に発車する列車にはなにも付けない）。

■ 運行番号ベースでない列車番号の場合

以上の私鉄各社の列車番号は、運行番号ベースゆえに運用追跡も容易だ。だが、西武鉄道、京王電鉄、小田急電鉄、相模鉄道では運行番号とはまったく無縁の列車番号付方を採用しているため、場合によっては追跡が難しい。地下鉄直通列車に関わる運用において、当該の私鉄線内で回送列車がたびたび設定される西武鉄道や京王電鉄では、運用追跡がさらに困難となる場面が多々ある。少々古いが『マイライン東京時刻表』2018年5月号から、そういった例を1つあげてみよう。

「京王電鉄 京王新線・都営地下鉄 新宿線［土休日］」のページに、新宿線の本八幡を早朝5時24分に発つ京王線直通「各停」橋本行509T列車というのが記されている。京王線内は「区間急行」となり終点橋本には7時00分に着く。この折り返し運用ならば、橋本7時08分発〜本八幡8時47分着の708T列車（京王線内「快速」、新宿線内「各停」）が同ページに記されているので、それだとすぐにわかる。ちなみに「京王電鉄 相模原線［土休日］」のページを見れば、京王線内の列車番号もわかる。509Tは4801、708Tは2802だ。

これはこれで結構だが、次に「京王電鉄 京王新線・都営地下鉄 新宿線［土休日］」のページから、本八幡7時20分発の京王線直通「急行」（京王線内も「急行」）高尾山口行721T列車（京王線内1103列車で終点高尾山口着8時46分）の折り返し運用を探ってみよう。

「21T」運行だから、同ページにおいて列車番号のお尻が「20T」のものを探

せばよいわけだが、それがなんと橋本16時25発〜本八幡18時13分着の「各停」1620T列車（京王線内2858列車「快速」）まで存在しない。

この「21T」運行の東京都交通局所属車両編成はおそらく、高尾山口→調布→つつじヶ丘→調布→橋本という経路で京王線内を移動、途中、時間つぶしのため高幡不動か若葉台にある京王電鉄の車両基地に一旦入庫すると推察されるが、その足取り過程での列車番号や時刻がさっぱりわからない。仮に列車番号が運行番号ベースだったとしても、行程すべてが回送列車での移動だったならば、もうお手上げだ。さすがの『マイライン東京時刻表』といえども、回送列車の時刻までは載っていない。

先に「東京の地下鉄各線における車両編成の運用を、自宅にいながら、ある程度は追跡できる」と記したのは、こうした問題が内在しているからだった。

3　相互直通運転における車両運用機上追跡の実践例

『マイライン東京時刻表』で運用追跡をする場合の留意点を一通りおさえたところで、つぎは同時刻表の2023年版首都圏大改正号より、東京の地下鉄に関係する車両編成の運用をいくつか追ってみよう。

図4は東京メトロ千代田線に関わるJR東日本所属車両編成（松戸車両センター配置）の平日ダイヤ「01K」運行の1日だ。

早朝の北千住折り返し列車は、綾瀬〜北千住間の一駅間のみ千代田線を走るが、これは東京メトロとしては異例の朝4時台の運転だ（通常は5時台からの運転）。

同区間が営業制度上はJR線としても取り扱われるための例外的装置といえよう。首都圏のJR線は国鉄時代からの伝統で朝4時台から運転する路線が多く、常磐線も快速線、緩行線ともにそうだ。図中の400K〜A401K列車とB401K〜401K列車は、ともに北千住において、上野発着の常磐快速線列車と接続をとっている。

この「01K」運行は、まあ、いってみればまっとうな運用といえ、その多くが小田急線〜千代田線〜常磐線間運転の列車で構成される。「場違いな運用」が1つもないところが淋しい（？）点といえいようか。小田急線の向ケ丘遊園まで2往復、成城学園前まで1往復するのがご愛敬で、現物を見るとJRの通勤型電車

図4　東京メトロ千代田線関係
　　　JR東日本所属車両編成　平日ダイヤ「01K」運行　　　　　　　　（2023年4月現在）

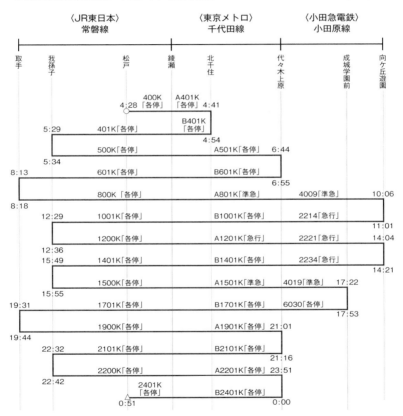

に「急行」「準急」の種別表示が出ているのがオツなところだ。

千代田線の「01K」運行は"場違いな運用"がまったくなくて物足りない、とおっしゃる御仁には、図5の東京メトロ半蔵門線に関わる東武鉄道所属車両編成（南栗橋車両管区南栗橋本区配置）の「50T」運行はどうだろうか。

ご覧のとおり、朝から昼にかけて東京メトロ半蔵門線・東急田園都市線の押上〜中央林間間を行ったり来たりしており、本家の東武線には夕方近くに1回顔を出す。が、その後も押上〜中央林間の間を1往復して、最後にようやく東武線に戻るという筋書きだ。ただ、この日は自宅

のある南栗橋には一度も帰らない。いずれにしても"場違い"が主体の運用だろう。

東武鉄道の場違いぶりは、東上線のほうも負けてはいない。

図6は東京メトロ有楽町線・副都心線に関わる東武鉄道所属車両編成（森林公園検修区配置〔10両編成〕）の平日ダイヤにおける「05T」運行の朝から晩までの仕事の流れだ。まあ、昼過ぎぐらいまでは有楽町線〜東上線間の直通列車に充当され、まっとうな仕事をこなしている。だが、夕方から夜にかけては、一転して副都心線〜東横線〜みなとみらい線間を走る列車にばかり充当され、本家の東上

図5 東京メトロ半蔵門線関係
東武鉄道所属車両編成 平日ダイヤ「50T」運行
(2023年4月現在)

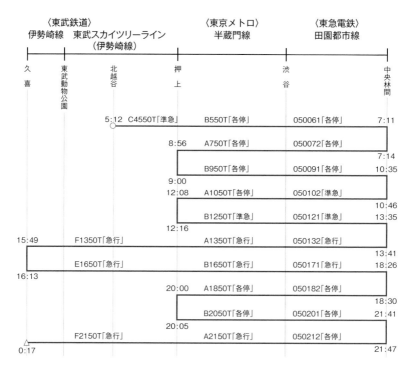

線とはまったく無縁になる。おまけに1日の仕事を終えれば、塒の森林公園検修区には帰らずに、東京メトロの和光検車区に外泊してしまうという、後半はまさに場違い続きの運用だ。

有楽町線・副都心線に関わる東武鉄道所属車両編成（森林公園検修区配置〔10両編成〕）の事例をもう一席。

次頁の図7は平日ダイヤの「15T」運行。こちらは、昼に一度だけ東上線の川越市まで戻ってはくるものの、それ以外は有楽町線の和光市～新木場間を行ったり来たりするばかりの場違いな1日を披露している。ただ、最後は律儀にも森林公園に戻ってくるあたりは、生真面目な

運用といえようか。

有楽町線・副都心線では西武も負けてはいない。図8（141頁）は地下鉄両線絡みの西武鉄道所属車両編成（小手指車両基地または武蔵丘車両基地配置〔10両編成〕）による平日ダイヤ「34M」運行だ。

振り出しは飯能7時18分発の「快速」元町・中華街行3706列車だが、点線で示したその前は、おそらくは当該車両編成の昨夜からの滞泊地と思しき武蔵丘車両基地最寄りの武蔵丘信号場から、回送列車として飯能まで来るものと推察される。残念ながら『マイライン東京時刻表』では、そこまではわからない。どうしてもお知りになりたい人は、実地検分などが

図6　東京メトロ有楽町線・副都心線関係
　　　東武鉄道所属車両編成　平日ダイヤ「05T」運行　　　　　　　　　　（2023年4月現在）

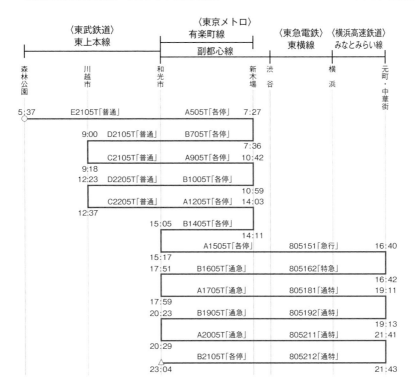

必要だろう。

それはともかく、この「34M」運行、みなとみらい線の元町・中華街まで行った後は、深夜に電留線のある保谷に戻ってくるまでの間、19時台に一度その保谷に顔を出す以外、有楽町線や東横線・みなとみらい線の線内列車への充当ばかりだ。これならば"場違いぶり"において、東武に負けはしないだろう。

「34M」運行の西武車は、東横線・みなとみらい線内完結の列車に入るのが見所（？）だが、こういった運用は東京メトロ車にもあり、とくに土曜・休日ダイヤにおいて、それが顕著となる。

図9（142頁）は副都心線関係の東京メトロ所属車両編成（和光検車区配置〔8両編成〕）の土曜・休日ダイヤ「07S」運行だ。本家の副都心線には足を踏み入れない渋谷折り返しの東横線・みなとみらい線内完結列車に、3回も充当されるところがむずがゆい点といえよう。

前に都営地下鉄三田線に乗り入れる相鉄車の使用料清算について、東京都交通局は東急電鉄にその分を清算し、東急電鉄が相模鉄道に都交通局の分を含めて清算する図式では、といった話をしている。

図7 東京メトロ有楽町線関係
東武鉄道所属車両編成 平日ダイヤ「15T」運行　　　　　(2023年4月現在)

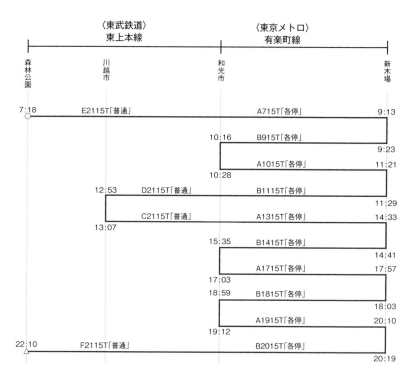

これは、東京メトロも同様だ。

　ご存じのとおり、副都心線と南北線にも相鉄車が乗り入れてくる。が、2023年3月18日のダイヤ改正段階では、東京メトロ車は相鉄線には入線できない。結果、東京メトロは相鉄車乗り入れ分の車両使用料を東急電鉄に清算し（つまり、東急線内での東京メトロ車の運用を増やす）、東急電鉄が相模鉄道に対し東京メトロ分を含めて車両使用料を清算する（すなわち、相鉄線内において東急車の運用を増やす）ことで相殺するといった図式が成り立とう。東横線・みなとみらい線内完結車

への東京メトロ車の充当が多いのは、この清算に関わるものと類推される。

　清算といえば、先に"土曜・休日ダイヤにおいて、東急車が相鉄の横浜駅に現れる場面が多々ある"と書いたが、平日ダイヤでも午前中に1度だけ東急車が相鉄の横浜駅に姿を見せる。

　図10（143頁）は副都心線関係の東急電鉄所属車両編成（元住吉検車区配置〔10両編成〕）の平日ダイヤ「61K」運行だ。見れば、海老名10時26分発の「各停」6010列車で相鉄の横浜駅へと向かい、同駅11時16分着。折り返しは（相鉄）横浜

図8　東京メトロ有楽町線・副都心線関係
**　　　西武鉄道所属車両編成　平日ダイヤ「34M」運行**　　　　　(2023年4月現在)

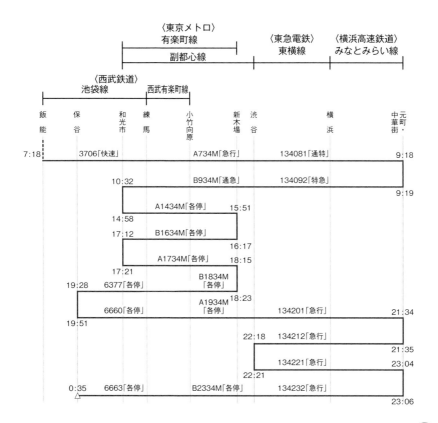

11時20分発の「各停」西谷行7035列車となる。なお、相模鉄道の列車番号は運行番号との関連性がないため、相鉄線内での運用が複雑化すれば、『マイライン東京時刻表』では追っていけない（白状すれば、2023年3月18日改正ダイヤの時刻表は相模鉄道のホームページで見ることができた。その時刻表には列車番号に加え運行

番号まで載っていたので、相鉄線内での東急車の動きを知ることができたのだ）。

それにしても「61K」運行の東急車走行範囲の広大さときたらどうだろう。スタートが夜間滞泊（外泊）先の東武東上線森林公園であり、同線ではのちに川越市と志木にも現れる。相鉄線は海老名、湘南台、横浜に顔を出し、おまけに横浜

図9　東京メトロ副都心線関係
　　　東京メトロ所属車両編成　土・休日ダイヤ「07S」運行　　　　　　　　(2023年4月現在)

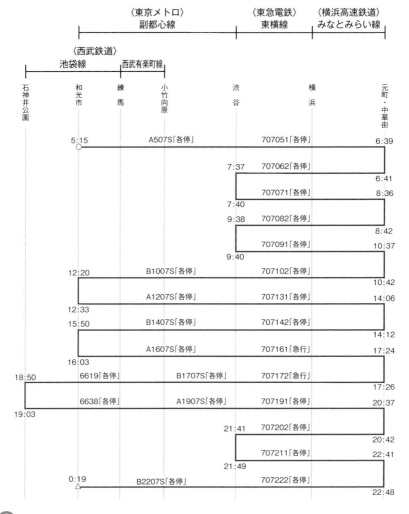

高速みなとみらい線の元町・中華街にも深夜に出没する。1日の終わりは東横線の武蔵小杉で、その後は元住吉まで回送されると思うが、『マイライン東京時刻表』では、やはりそこのところの確証が得られない。

走行範囲の広さという点では、都営地下鉄浅草線における東京都交車も同様だ。

次頁の図11は浅草線関係の東京都交通局所属車両編成（馬込車両検修場配置）の土曜・休日ダイヤ「31T」運行だが、振り出しが前日運用終了後の夜間滞泊（外泊）先である京急の金沢検車区最寄り駅、金沢文庫となっている点、そして、まずそこから羽田空港第1・第2ターミナルへ531T 〜 630T列車「急行」で向かうあ

図10　東京メトロ副都心線関係
　　　東急電鉄所属車両編成　平日ダイヤ「61K」運行

(2023年4月現在)

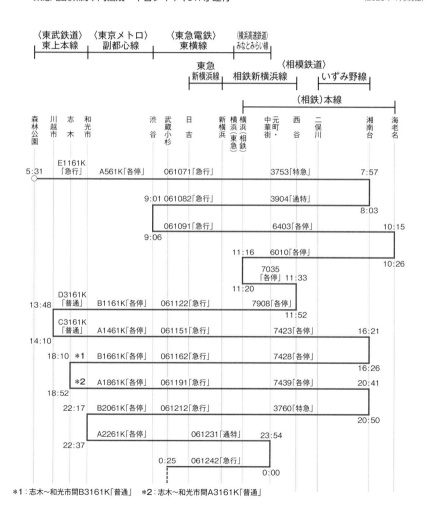

*1：志木〜和光市間B3161K「普通」　　*2：志木〜和光市間A3161K「普通」

図11　都営地下鉄浅草線関係
東京都交通局所属車両編成　土・休日ダイヤ「31T」運行

（2023年11月25日現在）

※『京成時刻表 Vol. 32』および京浜急行電鉄HP掲載の
　時刻表を参照し、2023年11月改正に対応済み。

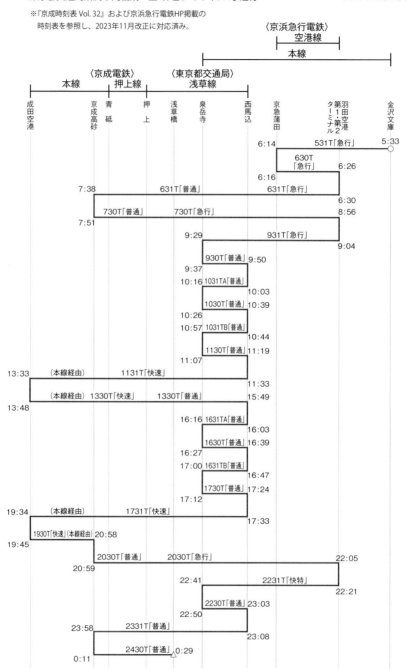

たりが、初っ端からぶっ飛んでいる。その後は実家の西馬込に数度戻るものの、成田空港へも２度ほど顔を出す。羽田空港と成田空港の双方を股にかけるとは、地下鉄車両とは思えぬ広範な活躍ぶりといえよう。

　図12は、やはり浅草線関係の京成電鉄所属車両編成（宗吾車両基地配置）の平日ダイヤ「11K」運行だが、こちらも羽田空港と成田空港を股にかけている。見所は、夕方の泉岳寺始発京急久里浜行「特

急」1710K列車と、その折り返しとなる京急久里浜始発成田空港行「特急」（〜「アクセス特急」）2011K列車だろう。京急蒲田以南の（京急）本線を行く京成車の運用は、この１往復が唯一の存在だ。なお、京急久里浜での折り返し時間が２時間弱ほどあるが、その間は「久里浜工場信号所」まで回送列車で往復するのだろうか。『マイライン東京時刻表』などでは、やはりそこまでわからないのが悔やまれる。

図12　都営地下鉄浅草線関係
**　　　京成電鉄所属車両編成 平日ダイヤ「11K」運行**　　　　　（2023年11月27日現在）

※『京成時刻表 Vol. 32』および京浜急行電鉄HP掲載の
　時刻表を参照し、2023年11月改正に対応済み。

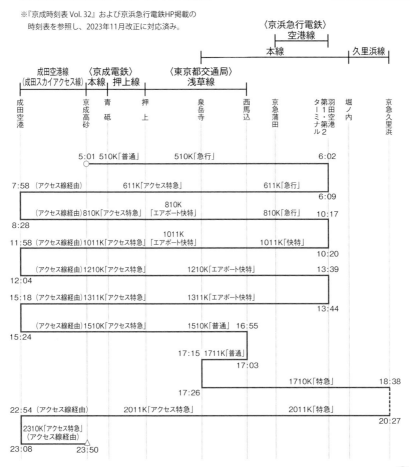

4 本家の影が薄い地下鉄路線？

　本書の冒頭では、半蔵門線の大手町駅ホームにおいて1時間ほど来る列車を眺め、押上方面のA線、渋谷方面のB線ともに東京メトロ車の影がじつに薄い、などと呟いている。

　そうなる理由の主たるものは、もうおわかりのとおり。そう、東京メトロ半蔵門線渋谷〜押上間の営業キロが16.8キロなのに対し、相互直通相手の私鉄線は、東急電鉄の田園都市線渋谷〜中央林間間が31.5キロ、東武鉄道は東武スカイツリーライン押上〜東武動物公園間が39.9キロ、伊勢崎線東武動物公園〜久喜間が6.7キロ、日光線東武動物公園〜南栗橋間が10.4キロと、距離の差が大きすぎることが主因といえよう。

　加えて、半蔵門線〜東武線間直通列車のすべてが、東武線内を「急行」または「準急」で走る。東急側も「各停」が多いものの「急行」「準急」だってけっこうある。

　すなわち、東京メトロ車が東武線や東急線へ乗り入れると、東武、東急に対する貸しである他社線走行分の車両キロをどんどんかせいでしまうというわけだ。東武、東急はその借りを東京メトロにお返しするため、東武車、東急車を半蔵門線内でたくさん走らせなければならない。結果、半蔵門線内で東京メトロ車の影が薄くなるのだった。

　では、本家の東京メトロ車や東京都交車の影が薄い地下鉄路線はみなすべて、半蔵門線のような境遇に置かれているというのだろうか。このあたりのことを検証してみるのも、また一興だろう。

　ここでお馴染みの『マイライン東京時刻表』2023年版首都圏大改正号のまた出番だ。東京の地下鉄各線の起終点駅または運転系統上節目となる駅を土曜・休日の午後12時00分から12時59分の間に発車する列車を対象に、それらの使用車両編成を調べ所属社局別に集計してみたら、表4-3のような結果となった。

　これらの路線のうち、土曜・休日の当該時間帯に他社線へ直通しない地下鉄線内折り返し運転の列車が設定されているのは、日比谷線（1時間当たり片道6本）、東西線（1時間当たり片道4本）、千代田線（1時間当たり片道6本）、有楽町線（1時間当たり片道4本）、南北線（1時間当たり片道2本）、三田線（1時間当たり片道4本）、新宿線（1時間当たり片道2本）の面々（千代田線の北綾瀬〜綾瀬間列車と浅草線の西馬込〜泉岳寺間列車は無視）。ご承知の「場違いな運用」も存在するため一概にはいえないものの、地下鉄線内折り返し運転列車の設定本数が多い路線ほど地下鉄車（東京メトロ車、東京都交車）を用いる列車が多くなる傾向にある。

　ということを加味して先の結果を眺めてみると、やはり北千住〜中目黒間20.3キロ（営業キロ、以下同じ）の日比谷線は、東武線内の相互直通区間が北千住〜南栗橋間44.3キロもあるため、地下鉄線内折り返し運転の列車が1時間当たり片道6本も設定をみるにもかかわらず、東武車使用列車のほうが多くなっている。やはり、相互直通相手のその直通運転区間が長ければ、地下鉄本家の車両の影が薄くなるという論法は、的を射たもののようだ。

　東西線はじつに東京メトロ車の影が濃い路線だが、そうなるのもうなずける。冒頭でもお示ししたが東西線中野〜西船橋間は30.8キロなのに対し、相互直通相

表4-3　地下鉄各路線の特定時間帯における運用車両編成の所属先集計 （土・休日ダイヤ12：00〜12：59）

	東京メトロ車	東武車	JR東日本車	東葉高速車	小田急車	西武車	東急車	埼玉高速車	東急・横浜高速車	相鉄車	東京都交車	京成車	北総・千葉NT車	京急車	京王車
東京メトロ日比谷線															
北千住発A線列車	5	7													
中目黒発B線列車	5	7													
■A線B線合計	10	14													
東京メトロ東西線															
中野発A線列車	8		1	3											
西船橋発B線列車	8		2	2											
■A線B線合計	16		3	5											
東京メトロ千代田線															
綾瀬発A線列車	9		3		0										
代々木上原発B線列車	8		3		1										
■A線B線合計	17		6		1										
東京メトロ有楽町線															
小竹向原発A線列車	6	4				0									
新木場発B線列車	6	2				2									
■A線B線合計	12	6				2									
東京メトロ半蔵門線															
渋谷発A線列車	2	4					6								
押上発B線列車	1	5					6								
■A線B線合計	3	9					12								
東京メトロ南北線															
白金高輪発A線列車	7						2	1		0					
赤羽岩淵発B線列車	6						1	3		0					
■A線B線合計	13						3	4		0					
東京メトロ副都心線															
池袋発A線列車	4	1				2			6	1					
渋谷発B線列車	5	0				1			7	1					
■A線B線合計	9	1				3			13	2					
都営地下鉄浅草線															
泉岳寺発北行列車											2	3	3	4	
押上発南行列車											2	3	1	5	
■北行南行合計											4	6	4	9	
都営地下鉄三田線															
白金高輪発北行列車							0			2	8				
西高島平発南行列車							2			0	8				
■北行南行合計							2			2	16				
都営地下鉄新宿線															
本八幡発西行列車											8				3
新宿発東行列車											6				5
■西行東行合計											14				8

注：『マイライン東京時刻表』2023年版首都圏大改正号をもとに調査。各線の起終点駅または系統上節目となる駅を対象にした。

西船橋駅の東西線ホームに並んだJR東日本E231系800番台。東西線では同車の影が薄いため、このような光景にはなかなかお目にかかれない

手の東葉高速線西船橋～東葉勝田台間は16.2キロ、JR線は中央緩行線中野～三鷹間が9.4キロ、総武緩行線西船橋～津田沼間は6.1キロしかなく、おまけに総武緩行線との相互直通運転は平日の朝夕ラッシュ時に限られている。地下鉄線内折り返し運転の列車も1時間当たり片道4本もある（土曜・休日の日中、平日も同様）ので、これでは東京メトロ車ばかりとなるのも当然だ。

それにしても東西線におけるJR東日本車の影の薄さは、お見事ではないか。『マイライン東京時刻表』2023年版首都圏大改正号で調べると、JR東日本車は土曜・休日の終日にわたり、「03K」運行、「07K」運行、「11K」運行の3編成しか東

浅草線の東京都交車は他社直通区間の範囲が極端に広い

西線を走っていない。たまたま東西線を利用して、JR東日本車に乗れたならば、その日は宝くじでも買ったほうがよいかもしれない。

千代線では小田急車の影が妙に薄い。綾瀬～代々木上原間の千代田線（北綾瀬支線は除く）は全長21.9キロで、小田急線内の相互直通区間代々木上原～伊勢原間は48.7キロなのだから、もう少し小田急車が走っていてもよさそうなものだ。

まあ、もっとも千代田線～小田急線間の直通列車が本厚木や伊勢原といった小田急線の奥地まで姿を現すのは、朝と夕方から夜間にかけてに限られる。土曜・休日も平日も日中は、片道1時間当たり3本設定の千代田線～小田急線間直通列車はすべて向ケ丘遊園折り返しとなる。なるほど、代々木上原～向ケ丘遊園間は12.3キロほどではないか。

浅草線における東京都交車の影の薄さも際立っている。北行、南行ともに本家が2列車のみとは、半蔵門線における東京メトロ車といい勝負だ。

浅草線の西馬込～押上間は18.3キロ。一方、東京都交車の他社線乗り入れ範囲は、京成線の押上～成田空港間が本線経由で63.5キロ、北総線および京成の成田スカイアクセス線京成高砂～印旛日本医大～成田空港間が51.4キロ、京急線は泉岳寺～三崎口間66.9キロ、京急蒲田～羽田空港第1・第2ターミナル間6.5キロ、金沢八景～逗子・葉山間5.9キロだ。

都営地下鉄浅草線において、本家たる東京都交車の影が薄く

なるのもやむを得ないことなのかもしれない。

5　相模鉄道以外にもあった東京の地下鉄における片直通運転

　くどいようだが、都市部の地下鉄絡みの相互直通運転では、直通列車に用いる車両（車両編成）を関係各社局間で出し合い、直通相手線内での走行キロ（車両キロ）を均衡させることで車両使用料を相殺する、あるいはお互いの支払金額を均等にする。結果、相模鉄道や芝山鉄道に係る地下鉄との直通運転は、かなり特異なケースといえよう。

　それとは別に、とある２者間の直通運転において、片方の事業者が、直通相手から一時的に本来ならば出し合うべき車両を有償で借り受け対応するといった事例が、東京の地下鉄では過去に何度か見られた。

　地下鉄半蔵門線の第１期区間、渋谷〜青山一丁目間2.7キロは昭和53年８月１日の開業で、当初から東京急行電鉄（現・東急電鉄）の新玉川線・田園都市線と直通運転を行っていた。

　現在の田園都市線のうち渋谷〜二子玉川間は当時、「新玉川線」の名称だった（駅名もその頃、「二子玉川」は「二子玉川園」）。なお、新玉川線と半蔵門線の間は、最初からほぼすべての列車が直通していたが、東急内の新玉川線〜田園都市線間の直通運転は限定的で、昭和53年当時、田園都市線列車の多くは大井町発着だった。大井町〜二子玉川園間の線名も「田園都市線」とされていた。

　で、この半蔵門線第１期区間開業の段階では、地下鉄側の区間が極端に短かったため、および同地下鉄用車両の車庫未完成という事情から、時の帝都高速度交通営団は車両の用意を見送り、全列車が東急車（8500系）による運行となっていたのだ（あくまでも、交通営団が車両を用意し、相互直通運転を開始するまでの暫定処置）。

　すなわち、当時は東急の一方的な乗り入れ、片直通運転という次第。けれども、相互直通運転の覚書がベースにあり、実際にも相互直通と思えば思えるような妙な形態だったのも確かだ。

　なぜか。交通営団が東急より東急車を必要な分だけ借り受け、それを営団車とみなして直通列車に運用していたフシがあるため。

　「みなし営団車」と思しき車両は、当然ながら検査などの管理は所有者の東急が担当し、外観もとくに変更されず、営団マークのシールが貼られるということもなかった。ただし、車内に掲げられていた路線案内図は営団仕様で、地下鉄ネットワーク図の掲示も見られた。広告類も違っており、明らかにほかの東急車とは一線を画していた。当該の車両を「みなし営団車」ととらえても、さほど間違ってはいなかろう。

　ちなみに、今は見違えるような改善を果たしたものの、昔は地下鉄へ直通する私鉄車両の車内に地下鉄全体の路線図（地下鉄ネットワーク図）などは掲出されていなかったものだ。まさに他人の関係で、国鉄の地下鉄東西線直通車両にいたっては、中央快速線東京〜高尾間の路線案内図のみを掲げ、「特別快速」の停車駅などを地下鉄の乗客に御案内していた。

　これは、東西線直通用の国鉄車301系および103系1200番台が中央快速線用101系・103系（オレンジ色の電車）の基地である三鷹電車区の配置だったために生じ

開業間もない西武有楽町線の終点新桜台に到着した営団7000系

小竹向原で交代する営団と西武の車掌。当時、西武の車掌は1駅間だけの乗務だった

たものと思われる。同電車区には、中央快速線の路線案内図しか用意がなかったのだろう。国鉄は大いなる役所だ。

　301系などが中央・総武緩行線用101系・103系（黄色の電車）の基地、中野電車区や津田沼電車区配置だったならば、対応は変わっていたかもしれない。

　閑話休題。資料10（183頁）は半蔵門線第1期区間開業時に交通営団と東急が交わした車両の使用料金に関する協定書だ。見れば、交通営団は結構な金額を東急に支払っているではないか。

　1983（昭和58）年10月1日に小竹向原〜新桜台間の1駅間1.2キロが部分開業

した西武鉄道の「西武有楽町線」も、当日から小竹向原側で地下鉄有楽町線と直通運転を行った。しかし、お察しのとおり、こちらもこの段階では西武鉄道は自社車両を用意せず、交通営団から車両（7000系）を借りていた。

　開業区間の短さもさることながら、新桜台と池袋線の練馬間が未開通ゆえ、同線はほかの西武の路線とはまったくつながっていない、社内的には離れ小島的存在だったことが大きく影響したと考えられる。練馬延伸前の西武有楽町線は、言うなれば地下鉄有楽町線のヒゲ支線といった様相で、それならば営団車を借りて

東西線の乗客に中央線「特別快速」の停車駅を案内していた国鉄301系

の運行のほうが合理的だったといえよう。ただ、当時でも西武有楽町線の乗務員は、几帳面かな、西武鉄道の社員だった。

6　他社線内に飛び地的に車庫を設ける地下鉄

　前の話では、地下鉄半蔵門線の第1期区間、渋谷～青山一丁目間が開業した昭和53年8月1日の段階では、同線用車両の車庫が未完成ということだった。では、その車庫は、どこにおいて建設中だったのだろうか。

　答えは、半蔵門線よりだいぶ離れた地となる、神奈川県川崎市の東急田園都市線鷺沼駅に隣接した場所だ。交通営団にしてみれば、まさに飛び地ではないか。

　地下鉄は都心部に線路を敷設するというその性格から、将来の利権は相当なものだが、反面、私鉄のような沿線開発のうま味がほとんど無い点については、当該の建設・運営事業者にとって痛し痒しといったところだろう。路線建設後に利益が比較的早く得られる手段である沿線開発ができないからこそ、地下鉄は公設公営が多かったのかもしれない。

　戦前の民間資本による東京地下鉄道㈱（銀座線の前身・浅草～新橋間の地下鉄路線を建設）は、資金繰りにかなり苦労したという。

　そして地下鉄では、その性格から車庫用地の確保にも苦労する。地価が高騰する都心部では、費用は莫大なものとなるうえに、土地それ自体がすでに利用しつくされているわけだから、適当な候補地を見つけ出すのにも難儀する。

　こういうわけで、冒頭の鷺沼のように、相互直通相手の郊外私鉄の沿線に、飛び地的に地下鉄の車庫を設ける事例が散見

される。

　都営地下鉄浅草線の車庫は、西馬込駅最寄りの馬込車両検修場だが、ここに線路が伸びるのは同線建設史の最終段階での話。到達以前には、生まれた時からの相互直通相手である京成電鉄の沿線に、暫定的な車庫を設けていた。

　まず、ことはじめの1960（昭和35）年の押上～浅草橋間開業段階には、京成電鉄押上線京成曳舟～荒川（現・八広）間に、鰻の寝床のような狭隘な敷地の向島検車区を開設（同検車区の設備は車両工場機能が中心）。続いて、東銀座まで延伸の際、京成より同社高砂検車区拡張用の土地を5年の期限付きで東京都が借り受け、（東京都交通局の）高砂検車区を発足させている。

　双方の車庫ともに馬込検車場（現在は馬込車両工場を統合して馬込車両検修場となる）開設まで、都営地下鉄1号線（浅草線）にはなくてはならない存在だったため、東京都交通局は京成電鉄に相当な恩義を感じていたに違いない。

　この東京都交通局の暫定的な飛び地車庫は発展的解消を遂げたものの、以後、交通営団が2ヵ所、大阪市交通局が1ヵ所、それぞれ相互直通相手の私鉄沿線に永続的な車庫を設置した。件の鷺沼の車庫はその1つだが、交通営団のものは東京メトロに、大阪市交通局のものはOsaka Metroに引き継がれて現在に至っている。

　東武鉄道伊勢崎線（東武スカイツリーライン）竹ノ塚駅最寄りの東京地下鉄㈱千住検車区竹ノ塚分室（日比谷線用）、東急電鉄田園都市線鷺沼駅隣接の東京地下鉄㈱鷺沼検車区・鷺沼工場（検車区は半蔵門線用、工場は半蔵門線・日比谷線共用）、阪急電鉄京都本線「東吹田信号所」（相

川～正雀間に所在する信号場）隣接の大阪市高速電気軌道㈱東吹田検車場（堺筋線用）が、その飛び地車庫の面々だ。

竹ノ塚分室（旧・竹ノ塚検車区）は東武の車庫を交通営団が譲り受け、ほぼ従前の設備をそのまま使用（東武の車庫は北春日部に移転）、鷺沼検車区・鷺沼工場は東急の旧車庫用地を譲り受けた交通営団が新たな施設を建設（東急の車庫は長津田に移転）、東吹田検車場は大阪市交通局が独自に用地を確保したもの、と、三者三様だが、これも相互直通の関係あったればこそ成しえる離れ技といえようか。

こういう飛び地車庫で困るのは、相互直通相手の私鉄労組がストライキに突入した時だ。平成の御代となって以降、一時的でも電車が全面ストップするような大手私鉄のストというものは、相模鉄道以外ご無沙汰だが、昭和の赤旗華やかなりし時代には、春闘といえば電車は止まるのが常だった。

で、そのスト決行日だが、これが旧国鉄、大手私鉄、中小私鉄、公営交通の各労組でまちまち。旧営団労組は私鉄総連参下だったからスト決行日は大手私鉄と同じとなろうが、公営交通の労組は私鉄とは異なる日にストを打つ可能性が高かった。

大阪市交通局と阪急電鉄との間には、後者の労組がストに突入した場合でも、堺筋線車両の東吹田検車場出入庫に係わる回送列車の運転は阪急側が確保する、との取り決めがなされていたという。阪急電鉄も東武鉄道などと並んで、かつては比較的労組の影響力が強かった私鉄だ。

資料11（184頁）は、交通営団が鷺沼検車区を開設した際に、鷺沼駅（東急）と鷺沼検車区（営団）間に生じる車両の出し入れなどについて東急と交わした契約書だ。

飛び地車庫は、本体との通信に関しても、他人の電話回線を借用するようだから、貸主とは仲良くしておかねばならないだろう。

ところで、東京メトロの鷺沼工場では、半蔵門線用車両だけでなく日比谷線用車両まで担当しているということだが、その車両の回送はどうしているのだろうか。

ご承知のように、鉄道車両には、クルマなどと同じように法定検査というものがあって、日常の検査はおおむね配置先の車庫（検車区など）で行うものの、クルマの車検に相当するもっとも大がかりな分解検査の「全般検査」や、それをやや簡略化した「重要部検査」は、これらを専門とする車両工場に送って実施する。

日比谷線車両の全般検査・重要部検査は、千住検車区に隣接の千住工場にて行っていたのだが、同工場の廃止に伴い、鷺沼工場へ業務が引き継がれた。

で、その日比谷線車両の鷺沼工場入場および出場の回送は、すでにお気づきかとは思うが、図13に示したルートを使って輸送している。東京メトロ日比谷線だけでなく、東急の東横線、目黒線、大井町線、田園都市線を経由する長旅で、もちろん日比谷線車両は自力による回送だが、その運転業務は東急線内に関しては当然ながら東急乗務員が担当する。

検査入場した日比谷線車両は、それが終われば千住検車区に向けた出場回送の前に田園都市線の鷺沼～長津田間にて出場試運転を行うが、この運転業務も東急乗務員の仕事だ。

東急は、かつて存在した日中時間帯での田園都市線内列車の渋谷折り返しにおいて、渋谷～半蔵門間の回送往復を、東京メトロ乗務員に協力願っていたので、

図13　東京メトロ日比谷線車両の鷺沼工場入出場回送ルート

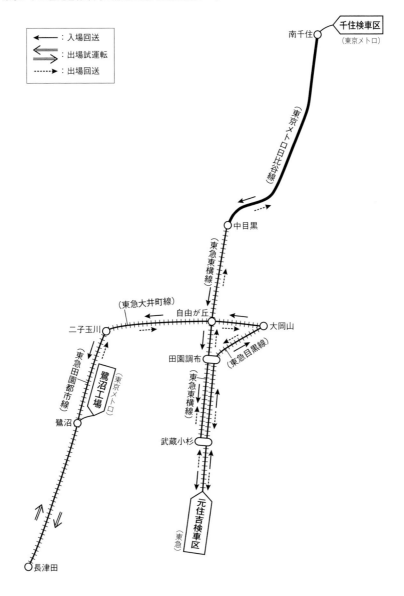

両社は持ちつ持たれつの関係といえよう。

　なお、東急東横線と東京メトロ日比谷線の相互直通運転は休止となったが、こういった鷺沼工場入出場回送列車の存在があるゆえに、境界駅中目黒の両社線間をつなぐ線路は温存されたままだ。（交通営団→）東京メトロと東急は付き合いが長いだけに、まさに切っても切れぬ仲にほかならない。

7 新車の搬入にも生かされる相互直通の縁（えにし）

　東京メトロと東急電鉄の縁もそうなのだが、東京都交通局も都営地下鉄1号線（現・浅草線）のはじめのころ、車庫問題において京成電鉄にだいぶ助けられているということだった。だが、こちらのご恩はそれだけでは済まないようだ。

　『都営地下鉄建設史─1号線』（東京都交通局）によれば、1号線用車両5000形の製造会社からの搬入においても、東京都交通局は京成に大いに助けられた。第1期区間押上〜浅草橋間開業用車両の納車の手順はこうだ。

　5000形第1次車は製造元の日本車輌製造㈱名古屋工場から、国鉄の貨物列車に連結して（車両は狭軌用仮台車を履いた状態）、熱田─（東海道本線）─新鶴見操車場─（東海道本線〔品鶴線〕・山手線〔山手貨物線〕）─池袋─（山手線〔山手貨物線〕）─田端操車場─（常磐線）─金町─（総武本線〔新金線〕）─新小岩─（総武本線）─津田沼というルートで輸送された。そして、国鉄津田沼駅に到着後、主に京成グループの車両改造を行っていた「大榮車輌」という会社の専用側線に入れられるのだった。

　この大榮車輌の工場は、京成電鉄津田沼第二工場（新京成電鉄新津田沼駅裏手に所在した）と線路で結ばれていたことから、そちらに難なく5000形が送られ、そこで整備を受けて（標準軌用の本台車を履くなど）、あとは京成線上を京成車に牽かれて走り、向島検車区に無事到着したという次第。まさに京成電鉄様々ではないか。

　この東京都交通局5000形は名古屋の鉄道車両メーカーから国鉄線上を貨物列車に連結されて津田沼まで長旅をしてきたわけだが、こうした方式による鉄道車両の輸送を「甲種鉄道車両輸送」と呼び、現在もJR貨物が運行する甲種鉄道車両輸送列車を利用した新車の納品は数多い。

営団8000系の新車を輸送するJR貨物の甲種鉄道車両輸送列車

この場合、輸送される鉄道車両そのものが「貨物」となるのだが、貨車に載せられるわけではなく、車両自体がJR貨物の機関車に牽かれて、JR線のレール上を転がっていくのがミソといえよう（輸送対象の鉄道車両には、機関車牽引に対応のブレーキ装置などを仮設する。なお、かつて存在した路面電車などの小型車両を貨車に載せて輸送するやり方を「乙種鉄道車両輸送」と呼ぶ）。

で、鉄道車両メーカーだが、製造対象を「電車」に絞ってみても、現在、次の各社が主力メンバーとして君臨している。

- 総合車両製作所 横浜事業所……京急の金沢八景駅に隣接する。搬入出用として同駅に線路を接続のうえ、京急逗子線の上り線との共用線路および在日米軍管理の専用側線からなる専用鉄道がJR東日本横須賀線逗子駅に通じている（金沢八景〜神武寺間の京急逗子線上り線共用区間は標準軌・狭軌共用の3線軌道）。
- 総合車両製作所 新津事業所……JR東日本信越本線新津駅に搬入出用の線路（駅構内側線）を接続。
- 日本車輌製造 豊川製作所……JR東海飯田線豊川駅に搬入出用の線路（専用側線）を接続。
- 近畿車輛……JR西日本片町線（学研都市線）徳庵駅に搬入出用の線路（専用側線）を接続。
- 川崎車両 兵庫工場……JR西日本山陽本線兵庫駅に搬入出用の線路（専用側線）を接続。
- 日立製作所 笠戸事業所……JR西日本山陽本線下松駅に搬入出用の線路（専用側線）を接続。

ご覧のとおり、各社が車両搬入出用の線路をJR線に接続している。したがって、JR在来線と同じ狭軌を採用する鉄道事業者ならば、各メーカーよりの新車輸送は、JR貨物を利用すれば難なくコトが運ぶわけだ。

近年、東京メトロ日比谷線では従来の03系を淘汰して、新造の13000系にすべて取り替える車両更新を行った（2020年2月に完了）。東京メトロ13000系は、相棒ともいえる東武鉄道の日比谷線直通用新車70000系ともども、関西の近畿車輛が独占製造しており、その納車は甲種鉄道車両輸送の貨物列車を仕立てて、次の経路により行われた。

徳庵―（片町線〔学研都市線〕）―放出―（おおさか東線）―神崎川信号場―（片町線〔貨物支線〕）―吹田貨物ターミナル―（東海道本線）―新鶴見信号場―（武蔵野線）―与野―（東北本線）―大宮―（高崎線）―熊谷貨物ターミナル―（秩父鉄道三ヶ尻線）―武川―（秩父鉄道秩父本線）―羽生

着地の羽生は東武鉄道伊勢崎線の駅で、輸送中の新車（13000系）はここに到着後、自走するための最低限度の整備を行い、深夜、東武線を「線路閉鎖」（当該区間に列車等を進入させない措置）して、東京メトロの車庫へ向け同線上を自力で走って行った。

「甲種鉄道車両輸送」における"鉄道車両"とは、法規上の「鉄道車両」よりも対象が広く、営業線上を走行できない車籍のないものも一時的に「鉄道車両」と同等にみなし輸送される。鉄道車両メーカーで製造後、発注者の鉄道事業者へ輸送途中の新車はまさに、まだ法規上の「鉄

秩父鉄道の電気機関車に牽かれて羽生へと向かう東京メトロ13000系の新車

道車両」ではないわけで、営業中の鉄道路線を自走することは叶わない（新車は鉄道事業者に納入後、国土交通大臣の確認を受けて、はじめて法規上の「鉄道車両」となり車籍を有する）。

したがって、輸送当日は東武線を終電後に「線路閉鎖」するという次第（線路閉鎖は、保線作業時にモーターカーほかの保線機械を営業線上に走らせなければならない場合などによく使われる）。

まあ、それはともかく、高崎線の熊谷貨物ターミナルより秩父鉄道を経由して武川から羽生へと至る経路は、当時の東武鉄道の新車搬入ルートだ（東上線向けの新車は武川から寄居へと向かった）。東京メトロは、日比谷線の新車搬入に際して、東武鉄道になにかと世話になっていたのだ（現在の東武鉄道の新車搬入は栗橋の東武〜JR連絡線が使われる）。

さらに、日比谷線での13000系の前任車03系や、その前の3000系搬入時も、当時の交通営団は東武にけっこう助けられている。03系搬入時は、東武鉄道もまだ貨物営業を行っていたので、東北本線の久喜で継承後に、東武の電気機関車が牽引する甲種鉄道車両輸送列車が伊勢崎線

において仕立てられた。また、3000系の新車搬入時は、北千住で国鉄から東武へ甲種鉄道車両輸送が継承されている。交通営団・東京メトロは、相互直通運転がもたらした東武との縁がじつに深いようだ。

もっとも、3000系の一部、1964（昭和39）年3月25日の霞ケ関〜恵比寿間開業用増備車は、当該区間がこの段階で既開業の北千住〜東銀座間とはつながっていないことから、東京急行電鉄（当時）東横線の菊名から搬入している。

当時、菊名駅には東横線と国鉄横浜線をつなぐ貨車受け渡し用の連絡線路があり、これを利用して3000系の新車を受け入れたのだった（日比谷線の恵比寿〜中目黒間は未開業ながら、開業間近なために線路が敷かれていた。この区間の開業は1964年7月22日）。

やはり交通営団・東京メトロは、東急との縁も深いようで、近年でも、半蔵門線用の18000系が東急の新車搬入駅・長津田より入っている（同駅にはJR東日本横浜線と東急田園都市線をつなぐ線路が存在し、18000系以前にも営団8000系・08系の搬入実績があった）。

日比谷線用の13000系も、担当工場の鷺沼工場が近いぶん、やろうと思えば長津田搬入ができそうだが、近畿車輛㈱としては、同時進行で製造中の東武70000系と納車ルートを同じくした方が、手続きが楽だったのかもしれない。JR貨物に対する甲種鉄道車両輸送の手配と代金の支払いは、鉄道車両メーカー側の役割だ。

8　相互直通運転の境界駅はややこしい

■共同使用駅の業務委託

　地下鉄と郊外鉄道との相互直通運転では、運転士や車掌といった乗務員は事業者（会社）境界駅で交代するのが原則だと前に述べた（地下鉄と相互直通運転を行うJRや私鉄、第三セクターなど、地上の鉄道路線〔地下線主体の路線を含む〕を本項では便宜上、"地上線"と表記する）。

　そして、当該の境界駅構内では、直通関係にある二つの事業者の乗務員が係わるために、両者共通となるその駅独自の運転取扱規程などが定められたりすることにもふれている。とくにかつての国鉄と交通営団の境界駅の場合、両者が準拠する法律が異なるために、規程を作るのにも骨が折れただろう、といった話にも及んだ。

　さらに、そういう境界駅は、中野（国鉄管理）、西船橋（国鉄管理）、綾瀬（営団管理）の面々だったことについてもお伝えした。

　上文では、カッコ内に各境界駅を管理する事業者を示しているが、国鉄と交通営団の境界駅の話題の少し前には、地下鉄半蔵門線と東急田園都市線の渋谷の話もしており、この境界駅などは東急→営団〜東京メトロ→東急と管理事業者がコロコロ変わった歴史をも紹介した。

　以上の事業者（会社）境界駅は、すなわち「共同使用駅」と称するジャンルのもので、なにも相互直通運転当該事業者間だけに設けられるものでもないけれど、何かとややこしいことが付きものの存在なのだ。

　「共同使用駅」とは、構内設備の全部または一部を複数の鉄道事業者が共用す

る駅をいう。そういう駅では、当然ながらも鉄道事業者間において、駅にかかわる業務の委託・受託関係が生じやすい。

　地下鉄や相互直通運転の話から横道にそれるが、JR東日本と小田急電鉄、京王電鉄の共同使用駅となる新宿駅を見てみよう。

　2020（令和2）年7月18日以前の話だが、駅の東側から小田急線や京王線に乗ろうとすれば、JRの中央東口改札より入場して中央通路を抜け、西側のJRと小田急との中間改札（小田急線連絡口）、およびJRと京王との中間改札（京王線連絡口）へ向かうこととなっていた。

　当然、当時も中央東口はJR管理であって、そこに小田急や京王の駅員はいなかった。つまり、小田急電鉄と京王電鉄は、中央東口に関わる自社分の業務をJR東日本に委託していたわけだ。

　以下はいまもそうなのだが、駅西側の京王線連絡口の横にはJR専用の中央西口が存在するが、なんとそこに陣取る駅員はJR東日本の人ではなく、京王電鉄の人ときている。そう、JR東日本も中央西口に関わる業務を京王電鉄に委託しているのだ。

　京王電鉄は自社の新宿駅において、東京都交通局とも共同使用の関係にあり、都営地下鉄新宿線にかかわる業務を交通局から委託されているから、じつに多忙といえる。

　大規模を誇る新宿駅は、こんな具合に複雑だが、さほど大きくもない駅の場合、共用する各事業者がそれぞれ駅員を配置したのでは非効率極まりない。そのため、関係する事業者のうち1社のみが駅員を置き、ほかの事業者はその事業者に当該駅に関わる業務を委託する方式をとったりもする。

東京の地下鉄における地上線との事業者（会社）境界駅は、まさにそういった共同使用駅の典型だ。

たとえば、地下鉄絡みの相互直通第1号・都営地下鉄浅草線と京成の押上線境界駅押上（地下駅）は、東京都交通局と京成電鉄の共同使用駅であり、ここでは構内を両者が全面的に共用するのだが、駅員はすべて京成の人で、駅名標ほかの旅客案内サイン（表示）類も多くが京成仕様となっている。

結果、財産的にも京成が全体を所有するような印象を受けるが、実のところそうではなく、駅の中心（中間地点）から地下鉄側が東京都交通局の、京成側が京成電鉄の所有物となる。交通局は押上駅での地下鉄に関わる駅業務全般を京成に委託しているにすぎない。

なお、同駅の共同使用の範囲は、財産区分点である駅中心から地下鉄方向は270m地点まで、京成方向は260m地点までであり、その両地点には、列車に対して駅構内への進入の可否を示す場内信号機が立っている。この両サイドの場内信号機から場内信号機までの間が、一般的に駅（停車場）の構内となる。

資料12（186頁）は、1960（昭和35）年9月14日付で東京都交通局と京成電鉄との間に交わされた「押上駅共同使用契約書」だ（文中の付属第1図、付属第2図は省略）。見れば、かなり細かな点にまで、いろいろと取り決め事があるのがよくわかる。第5条の"側線"とは、1番線の途中よりかつて分岐の京成の保線用側線で、そのトンネル内には砂利受け取りのためのホッパーが存在していた。

まあ、それはともかく、このように構内を2つの鉄道事業者が全面的に共用する共同使用駅では、ゴミ箱や便所の清掃に関わる費用なども、両者の折半になると聞く。もちろん、トイレットペーパーなどの備品費も然りだろう。

先ほどの新宿駅の話では、京王電鉄と東京都交通局も共同使用の関係にあると述べたが、お察しのとおり、それも京王線（京王新線）と都営地下鉄新宿線が相互直通運転を行っていることにより生じたもので、当該の境界駅が新宿（新線新宿）駅なのだった（大江戸線の新宿駅は交通局直営）。

■直通運転境界駅の管理者

地下鉄と地上線の境界駅に見られる「直通運転境界型共同使用駅」の特徴をまとめれば、旅客扱いに関しては、一つの鉄道事業者が他者の分すべての面倒をみており、財産的に各鉄道事業者の領域が確然と分かれるような構造の駅だとしても、そうした体制をとっているということだ。

ある境界駅において、関係する鉄道事業者のうち、どこの社局の管理なのかは、駅名標や旅客案内サインなどを見れば一目瞭然なのだが、念のため東京の地下鉄における「直通運転境界型共同使用駅」の管理事業者一覧をここでお目にかける（表4-4参照）。

ついでだから、営業列車直通運転休止中の元境界駅中目黒と地下鉄自体は直接かかわらない駅だが、地下鉄直通列車が通る地上線同士の境界駅についても管理事業者を明らかにしておこう。

●中目黒（東京メトロ日比谷線…東急東横線）＝東急電鉄

●横浜（東急東横線⇔横浜高速鉄道みなとみらい線）＝東急電鉄

●新横浜（東急新横浜線⇔相鉄新横浜線）

表4-4　東京の地下鉄における「直通運転境界型共同使用駅」

駅　名	関係する路線	管理事業者
北千住	東京メトロ日比谷線⇔ 東武スカイツリーライン（伊勢崎線）	東武鉄道
中野	東京メトロ東西線⇔ JR中央緩行線（中央本線）	JR東日本
西船橋	東京メトロ東西線⇔ 東葉高速線 JR総武緩行線（総武本線）	JR東日本＊
綾瀬	東京メトロ千代田線⇔ JR常磐緩行線（常磐線）	東京メトロ
代々木上原	東京メトロ千代田線⇔ 小田急小田原線	小田急電鉄
小竹向原	東京メトロ有楽町線・副都心線⇔ 西武有楽町線	東京メトロ
和光市	東京メトロ有楽町線・副都心線⇔ 東武東上線（東上本線）	東武鉄道
渋谷	東京メトロ副都心線⇔ 東急東横線	東急電鉄
渋谷	東京メトロ半蔵門線⇔ 東急田園都市線	東急電鉄
押上	東京メトロ半蔵門線⇔ 東武スカイツリーライン（伊勢崎線）	東京メトロ
赤羽岩淵	東京メトロ南北線⇔ 埼玉高速鉄道線	東京メトロ
目黒	東京メトロ南北線・都営地下鉄三田線⇔ 東急目黒線	東急電鉄
押上	都営地下鉄浅草線⇔ 京成押上線	京成電鉄
泉岳寺	都営地下鉄浅草線⇔ 京急本線	東京都交通局
新宿	都営地下鉄新宿線⇔ 京王新線（京王線）	京王電鉄

＊：東西線列車、東葉高速線列車、東西線直通の総武緩行線列車の発着ホーム係員は東京メトロ。
※線名や社名の表記は通称・略称を多用。

＝東急電鉄・相模鉄道
※当駅は例外事例で両社の共同管理。ただし、列車運行管理は東急電鉄が担当。
● 羽沢横浜国大（JR東海道本線貨物支線⇔相鉄新横浜線）＝相模鉄道
● 京成高砂（京成本線⇔北総線）＝京成電鉄
● 東成田（京成東成田線⇔芝山鉄道線）＝

京成電鉄
● 小田原（小田急小田原線→箱根登山鉄道線）＝小田急電鉄（登山線内列車発着ホームの係員は箱根登山鉄道）

　表4-4の「直通運転境界型共同使用駅」のなかで、西船橋だけはJR東日本管理ながらも東西線列車の発着ホーム係員は東京メトロというのが異質だが、これは

和光市駅は東京メトロ有楽町線・副都心線の同駅止まりの列車から東武東上線の池袋発の列車に同一ホーム対面乗り換えが可能

中目黒駅の日比谷線折り返し線の横を東横線の上り列車が通り過ぎていく。同駅の東横線と日比谷線をつなぐ線路は今も維持されている

第三セクター東葉高速鉄道の存在が関係している。

西船橋駅はもともと国鉄の駅で、東西線ホーム係員も国鉄職員だった。その状態でJR東日本に継承となり、東西線ホーム係員もJR東日本の担当となった。東西線ホームとはいえ、平日の朝夕ラッシュ時には、津田沼行および津田沼発の総武緩行線と東西線を直通する列車が発着するわけだから、JR東日本としてもまったくの無関係とはいえないだろう。

ところが、西船橋〜東葉勝田台間の新線で東西線と終日にわたり直通運転を行う東葉高速線が開通すれば、同線のすべ

ての列車が西船橋駅では東西線ホームに発着するため、それとはまったく無縁のJR東日本のホーム係員がその列車まで面倒をみなければならなくなる。流石におかしい、という意見が出たのだろう、東西線ホームの業務については東葉高速線開業の直前、1996（平成8）年3月にJR東日本から交通営団に移管となり、現在の東京メトロ担当へと続いていく。

「直通運転境界型共同使用駅」では、旅客扱いこそ一方の鉄道事業者が一括して担当するけれども、信号扱い・列車扱い（列車取扱）については関係する鉄道事業者間で分担となる場合もある。

駅構内の信号扱い所（列車扱い所）内に双方の係員が連動装置（信号機・転てつ器制御盤＝連動盤）を並べて坐り、基本的にはそれぞれ自社列車を扱うが、直通列車については互いに確認を取り合って、両者の線路をつなぐ渡り線（連絡線）などの進路構成を行うという手筈だ。まあ、最近は各駅の信号機や分岐器（転てつ器）の操作をその駅では行わず、鉄道事業者ごとの集中指令所から遠隔操作するケースが大多数であり、そうした場面も見られなくなったが、それでも非常時に備えて信号等の駅扱いが可能なよう、当該の駅には信号扱い所が残されている。

ちなみに、関係する鉄道事業者の財産領域が線路の配線からも明確に分かれている構造の「直通運転境界型共同使用駅」では、財産区分点は、直通列車の進路で

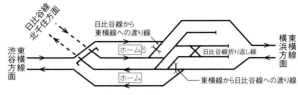

図14 「合流タイプ同一ホーム乗換型」の境界駅の例〜地下鉄日比谷線・
　　　東急東横線 中目黒駅

〉|：東京メトロ、東急の財産および保線の分界

※現在、日比谷線と東横線の直通運転は休止されているが、日比谷線車両の鷺沼工場入出場の
　回送列車が存在するので、東横線と日比谷線間の渡り線は、そのまま残っている。また、駅の
　管理は東急が行っている。

ある渡り線（連絡線）上となることが多い。

　地上線中間駅の上り線と下り線の間に地下鉄線が地下から出てきて割り込んでくるような恰好の合流タイプの境界駅で、かつ地下鉄線と地上線の非直通列車相互の乗り換えが同一ホームの対面で行えるような構造の駅では例外もあろうが、多くがそういったこととなっている。この「合流タイプ同一ホーム乗換型」と呼べそうな駅は、首都圏では中目黒（図14参照）、代々木上原、和光市が該当し、かつては北千住（日比谷線）もそうだった。

　泉岳寺と小竹向原も「合流タイプ同一ホーム乗換型」境界駅の仲間といえるが、両駅は地下鉄線と地上線の関係が逆転している。地下鉄線の中間駅に地上線が合流する格好だ（半蔵門線の押上も、同線の松戸方面への将来的延伸を考慮した設計のため、構造的にはこの分類に入る）。

　なお、合流タイプの境界駅には、中野と西船橋のように地下鉄線と地上線の非直通列車相互を乗り換える際、ホームが変わるために難儀する駅もある。「合流タイプ別ホーム乗換型」とでも呼べそうな存在だ。

　こうした駅では、仮に需要動向の大きな変化があったとしても、直通列車を減

便したり廃止するのは、まさか既得権の侵害として旅客から訴えられはしないと思うが、実行は難しい。

　中目黒では直通列車が全廃されたのに対し、西船橋では平日の朝夕ラッシュ時限定という中途半端な存在のJR直通列車が、しぶとくも生き残っている（東西線列車の津田沼乗り入れが限定的となったのは、開始当時、総武線〔総武本線〕の複々線化が未完成だったため。しかし、総武快速線完成後も直通運転の拡大は見送られた）。

　東西線は中野側でも、平日の日中はJR直通利用者が少なく見えるのに、当該時間帯の毎時４本の直通列車確保は揺るぎない（なにも直通をやめることをお勧めしているわけではないので、誤解なきように）。

　合流タイプの境界駅に対し、二つの鉄道事業者の線路があたかも１本の線のようにストレートに結ばれている境界駅（北千住〔日比谷線〕、綾瀬、渋谷〔半蔵門線〕、渋谷〔副都心線〕、赤羽岩淵、目黒、新宿〔新宿線〕など）では、既述の浅草線押上駅（同駅も上記面々の仲間）のように、駅の中心（中間地点）が財産区分点となることが多い。地下鉄絡みではないが、東急電鉄東横線と横浜高速鉄道みなとみらい線

の横浜もそうだ。

　だが、地下鉄の車庫線（のちに支線化）が分岐する構造で作られた綾瀬は例外で、駅構内全体が東京メトロの財産らしく、JR常磐緩行線綾瀬〜亀有間の綾瀬寄りの箇所（車庫線が分岐を終えた地点）に会

社境界がある。おそらくは、そこが財産区分点でもあろう。

　ATC区間なので地上信号機はないが、その地点が綾瀬駅の松戸方場内信号機相当地点と思われる。

＊　　　＊　　　＊

都営１号線（現・浅草線）〜京成電鉄、日比谷線〜東武鉄道から始まった、東京の地下鉄と郊外鉄道との直通運転は、2023年に相模鉄道が直通メンバーに加わったことで一応の完結をみた。今後は、ソフト面でのさらなる充実が期待されるところだ

資 料 編

運輸省の指示事項

営団、東京都及び関係四私鉄に対する指示事項

1　関係4私鉄は、次の如く建設を分担すること。
　接続駅の建設は、原則として被接続側の会社が行うが、両当事者の協議によりこれを変更することは、差しつかえない。

2　規格は次のとおりとすること。
　1　軌間は、押上、馬込線にあっては1米435、北千住、中目黒線にあっては1米067とする。
　2　電気鉄道の方式は架空線式直流1500ボルトとする。
　3　車両限界（パンタ折りたたみ高さを含む。）は、幅2744粍以上、高さ400粍以上とする。
　4　建築限界は幅において車両限界に左右おのおの200粍以上を加えたものとし、高さにおいては車両限界との距離750粍（車両のパンタ折りたたみ高さと電車線との距離400粍、電車線の吊り高350粍）を加えた寸法を標準とする。

3　工事は次の方面より施行すること。
　　押上、馬込線　押上方面
　　北千住、中目黒線　北千住方面

4　営団と東武及び東急、東京都と京浜及び京成とは乗入区間、運行計画、工事施工計画に関する協議を行い、1ヵ月以内にその大綱を取りまとめ運輸省に提出すること。

5　前項の大綱の提出の後に、運輸省は法律上の諸手続を指示するものとすること。

6　前項の指示の後に営団、東京都及び4私鉄は、次の免許申請書等を取り下げること。

会社名	区　間	キロ程	申請内容	申請年月日
交通営団	新　宿・方南町	3.9	免許	30.10.19
東京急行	中目黒・東京駅	8.2	免許	22. 6.24
	目　黒・広　尾	2.2	〃	
	渋　谷・新　宿	3.4	〃	25. 5.16
	五反田・品　川	1.8	〃	
	蒲　田・大　崎	7.7	工事施行認可	4. 3.31
京浜急行	品川・八重洲通	6.8	免許	23. 8.31
京　　成	押　上・有楽町	7.6	〃	25. 8. 1
東　　武	北千住・東京駅	9.0	〃	30.12.24
東　京　都	五反田・北千住	18.1	免許	31.2.1（軌道）
	高田馬場・押上	14.6	〃	〃（〃）
	中目黒・大　山	17.9	〃	〃（〃）

（小田急、及び京王帝都に対しては、申請書取下げを別途指示する。）

出典：『都営地下鉄建設史──1号線』（東京都交通局）

東急契32第538号
東武総庶第81号
営発第717号

列車の相互直通運転に関する覚書

　東京及びその周辺の都市交通特に通勤通学時における輸送力の整備増強のため、昭和32年6月13日の運輸省指示に基づき、下名三者は帝都高速度交通営団が北千住・中目黒間に新設する地下鉄道線を通じ列車の相互直通運転を行なうこととし、その規格、施行方法その他の大綱を別紙のとおり協定し、ここにこの覚書及びその付属書を交換する。

　　　　昭和32年9月24日
　　　　　　帝都高速度交通営団
　　　　　　　　総裁　　　　　鈴木　清秀
　　　　　　東武鉄道株式会社
　　　　　　　　取締役社長　　根津嘉一郎
　　　　　　東京急行電鉄株式会社
　　　　　　　　取締役社長　　五島　　昇

（別紙）
一　規　　　格
　1．軌　　　間　　　　1米067
　2．集 電 方 式　　　架空線式
　3．電　　　圧　　直流1,500ボルト
　4．車　　　両
　　　　高（軌条面よりパンタグラフ折たたみまで）　　　　　4,000粍
　　　　幅　　　　　　2,800粍
　　　　長（連結面間）　18,000粍
　　　　但し車両妻間はなるべく17,000粍になるよう考慮する。
　　　　心皿の距離　　12,000粍
　5．ホ ー ム
　　　　高（軌条面より）　1,050粍
　　　　長　　　　　　120米
　6．建築定規及び車両定規
　　　　車両設計確定後決定する。
　7．隧　　　道（単線直線部内法標準）
　　　　高（軌条面より）　1,050粍
　　　　幅　　　　　　3,700粍
二　工事施行計画
　1．施 行 順 序
　　　　地下鉄道は別表の工事工程表のとおり北

千住方面より着工することとし、工事工程の変更はその都度連絡する。（注　別表の工事工程表は省略）
　2．接続駅の工事分担
　　　　関係者協議決定した設計に基き北千住駅は東武鉄道株式会社、中目黒駅は東京急行電鉄株式会社において前号の工事工程に合致するよう施工することとするが、北千住駅の国鉄線に関連する部分については、日本国有鉄道と協議の上決定する。
　3．工事の分担
　　　　列車の相互直通運転のため要する工費の分担については別途協議する。
三　輸 送 計 画
　1．相互直通運転区間
　　　　東武線内は北越ヶ谷駅、東急線内は日吉駅までとし、竹の塚、北千住、中目黒、田園調布の各駅を折返し駅とする。但し輸送需要に従って協議の上これを変更することができる。
　2．列車運転計画
　　　　第1期開業区間を北千住・人形町間とし、地下鉄道線内の運転は当初は混雑時3分間隔、昼間4分間隔で編成は4両連結とし、地下鉄道全線開通後は混雑時2分間隔6両編成、昼間4両編成を目途とする。
　3．車両保有数
　　　　車両については原則として想定列車運行図表により地下鉄道線内の運用数を帝都高速度交通営団、郊外鉄道線内の運用数を東武鉄道株式会社並びに東京急行電鉄株式会社でそれぞれ保有することとする。
　4．車両の設計
　　　　車両の性能その他の設計については早急に三者で協議する。
　5．乗 務 員
　　　　乗務員は各所属線内のみを乗務し、他線との接続駅で乗継ぐこととする。
四　そ の 他
　　相互直通運転に関し必要な協定又は契約等については、三者協議の上作製する。

　　　　　　　　覚書付属書
本覚書別紙中第2項第3号（工費の分担）に規

定する工費の解釈及びその算定等は次のとおりと
する。

一　列車の直通運転に要する工費

　1．集電方式の相違により隧道区間において増
　　加した費用と、これにより減少した費用を
　　相殺した残額。

　2．接続並びに折返その他の諸施設のうち相互
直通運転のために要した費用。

二　工費の算定

　　工費は通常の状態において必要と認められる
　範囲とし、公正に算定する。

三　接続駅の駅務管理と工費の分担について

　　接続駅の駅務管理方式については、工費の分
　担額にかかわらず別途協議する。

出典：『東京地下鉄道日比谷線建設史』（帝都高速度交通営団）

列車の相互直通運転に関する覚書

東京都およびその周辺における交通、特に通勤通学時における輸送力の整備増強のため、東京都（以下「都」という。）京浜急行電鉄株式会社（以下「京浜」という。）および京成電鉄株式会社（以下「京成」という。）は昭和32年6月13日の運輸省指示に基き、馬込、高輪、押上間に新設される高速鉄道線（地下鉄道線）を通じ列車の相互直通運転を行うことを確認し、その大綱を左記のとおり協定した。ここにその覚書を交換する。

　　　昭和32年8月21日

　　　　　東京都交通局長　　渡辺伊之輔
　京浜急行電鉄株式会社取締役社長　田中　百畝
　　京成電鉄株式会社取締役社長　大山　秀雄

記

1　規　　格
　1　軌　　道　1米435
　2　電気方式　架空電車線式　直流電圧
　　　　　　　　1,500V
　3　車両幅　　2米800ただし最小幅は2米
　　　　　　　　744とする。
　　　　　　　　複線区間における上下線車両間の間隔及び車両定規と建築定規との間隔について現行基準を縮小することは運輸省において支障なしとの見解による。
　4　車両高　　4米050（パンタグラフ折畳高さ）
　5　車両長　　18米（連結面間）
　6　建築定規幅　車両定規幅の左右に各0米200を加えたものとする。
　7　隧道構築高　4米850（軌条面上）
　8　隧道構築幅　パンタグラフ動作範囲は0米400とする。
　9　乗降場高　3米700（単線直線部内法標準）
　　　　　　　　1米050（軌条面上）
　10　列車編成　8両を目途とする。ただし全通時は4両とし、昭和50年には6両を予定する。

車両定規及び建築定規の詳細はなるべく早く決定する。

2　輸送計画
　都心直通旅客の大部分を直通せしめることを目途として全通時における輸送需要に対応し都市交通の形態を維持するよう列車運行計画及び車両運用計画を決定するものとする。
　1　列車運行計画
　　イ　泉岳寺駅における品川方面と馬込方面に対する列車回数は輸送需要に応じ配分し、混雑時は概ね均等とする。
　　ロ　混雑時の押上駅における直通列車回数はなるべく都心直通旅客の需要を充足せしめるようにする。
　　ハ　全通時における都営高速鉄道線内の列車運行計画は一応次のとおりとする。
　　　　混雑時　2分半時隔　4両編成
　　　　部分開業に対応する列車運行計画はそのつど別に協定する。
　2　車両運用計画
　　イ　都と京浜との相互乗入区間は一応川崎および羽田空港、押上間とするが既成市街地域の連担性を考慮して輸送需要に応じ妥当なる計画を決定する。
　　ロ　都と京成との相互乗入区間は一応東中山・馬込間とし輸送需要に応じ妥当なる計画を決定する。
　　ハ　三者はそれぞれ免許区分内の設定ダイヤ実施に必要な車両を準備するものとし、車両運用計画に当ってはなるべく都と京浜、都と京成の各二者間の乗入車両粁の均衡を保持するものとする。
3　工事施行計画
　1　押上方面から工事を開始するが泉岳寺方面からも同時に着手するよう極力努力する。
　2　品川・泉岳寺間の路線は京浜品川駅（高架）より概ね国鉄線沿いに延長し都営高速鉄道線と泉岳寺にて接続するものとしこの路線の免許は京浜において譲受けの申請をする。
　3　押上駅附近の路線は吾妻橋方面より業平橋附近を経て北十間川北側を通り向島押上町にて地下に移設する京成線に接続するものとし、この路線の免許は都において申請する。
　4　都は昭和32年秋より工事に着工し昭和37年

度に完了する。（予定）

　5　京浜・京成は都と緊密な連絡のもとにその
　　建設工事に合致するよう関係工事を行う。

　6　工事工程の詳細は別に定め相互に連絡す
　　る。

4　建設分担

　1　泉岳寺駅附近の工事は京浜と協議の上都に
　　おいて施行するがその建設費の負担等につい
　　ては別途協議する。

　2　押上駅の工事は都と協議のうえ京成におい
　　て施行するがその建設費の負担および管理方
　　式等については別途協議する。

5　その他

　1　列車の相互直通運転に関する協定その他必
　　要な協定および契約は三者協議のうえ早急に

作成するがその基本的事項は前記各項のほか
次のとおりとする。

　イ　取扱種目　旅客運輸のみとし手小荷物は
　　扱わない。

　ロ　運賃収入その他　運賃収入は免許区分に
　　より免許権者が取得するが、自線内を運行
　　する他運輸機関所属の車両に対しては車両
　　使用料金を支払う。ただし回送等の場合は
　　別途協議する。

　ハ　運行責任　免許区分による。

　ニ　乗務員は原則としてその所属線区のみを
　　乗務し接続駅において乗継する。

2　列車の相互直通運転に必要な車両および施
　　設の基本設計については三者で早急に協議す
　　る。

出典：『都営地下鉄建設史──１号線』（東京都交通局）

鉄監第1,137号

昭和32年9月30日

運輸省鉄道監督局長

帝都高速度交通営団総裁
東京都交通局長
東武鉄道株式会社社長
東京急行電鉄株式会社社長　殿（連名各通）
京浜急行電鉄株式会社社長
京成電鉄株式会社社長

地下高速度鉄道の建設について

　昭和31年8月14日付都市交通審議会答申第1号を受けて後、政府は答申の内容の実現のための施策について努力を重ね、また貴殿におかれても関係当事者とともに検討を続けてきたのである。

　地下高速鉄道の建設については、本年6月13日建設の分担、規格、工事施行順序等について指示したのであるが、今回乗入区間、運行計画等に関する関係当事者の協定の大綱の提出があり、これを検討したところ、妥当なものと認められるので、今後地下高速鉄道の建設に当っては、左記の点に留意されその速やかな実現に努められたい。

記

1. 帝都高速度交通営団（以下「営団」という。）と東武鉄道株式会社（以下「東武」という。）及び東京急行電鉄株式会社（以下「東急」という。）とは、北千住・中目黒間に新設される地下高速鉄道を通じ、東京都（以下「都」という。）

と京成電鉄株式会社（以下「京成」という。）及び京浜急行電鉄株式会社（以下「京浜」という。）とは、押上・馬込間及び泉岳寺・品川間に新設される地下高速鉄道を通じ、相互に列車を直通運転せしめること。

　これに伴う折返し駅、運行計画及び車両運用計画については、輸送需要に充分対応し、利用者公衆の利便の増進に資するように定めること。

2. 地下高速鉄道の建設は次のとおりとすること。
   (1) 営団は、北千住・中目黒間の地下高速鉄道を建設すること。
   (2) 都、京成及び京浜3者間に交換された昭和32年8月21日付覚書の内容を検討した結果、答申に示された営団以外の者の地下高速鉄道の場合の諸条件におおむね合致するものと認められるので、都は押上・馬込間、京浜は泉岳寺・品川間の地下高速鉄道を建設すること。

3. 関係当事者は、次の法律上の諸手続を行なうこと。
   (1) 営団及び都にあっては、営団が有する蔵前二丁目・馬込間の地方鉄道の免許権の譲渡及び譲受
   (2) 営団及び京浜にあっては、営団が有する泉岳寺・品川間の地方鉄道の免許権の譲渡及び譲受
   (3) 都にあっては、押上・蔵前二丁目間の地方鉄道敷設の免許
   (4) 関係当事者にあっては、次の免許申請等の取り下げ

会社名	区　間	粁　程	申請内容	申請年月日（昭和 年 月 日）
東　急	中目黒・東京駅	8.2 キロ	免　許	22. 6.24
	目　黒・広　尾	2.2	免　許	22. 6.24
	渋　谷・新　宿	3.4	免　許	25. 5.16
	五反田・品　川	1.8	免　許	25. 5.16
	蒲　田・大　崎	7.7	工事施行認可	4. 3.31
京　浜	品　川・八重洲通	6.8	免　許	23. 8.31
京　成	押　上・有楽町	7.6	免　許	25. 8. 1
東　武	北千住・東京駅	9.0	免　許	30.12.24
都	五反田・北千住	18.1	特　許	31. 2. 1
	高田馬場・押　上	14.6	特　許	31. 2. 1
	中目黒・大　山	17.9	特　許	31. 2. 1

出典：『東京地下鉄道日比谷線建設史』（帝都高速度交通営団）

運転取扱協定書

帝都高速度交通営団（以下「営団」という。）と東京急行電鉄株式会社（以下「東急」という。）とは、営団半蔵門線と東急新玉川線、田園都市線との直通運転に伴なう運転の取扱い等に関して、直通運転契約および渋谷駅共同使用契約に基づき、次のとおり協定する。

（適用する規定）

第1条　渋谷駅における運転関係駅務の処理については、営団の運転業務は営団の運転に関する規程を適用し、東急の運転業務は東急の運転に関する規程を適用する。

（運転作業内規の送付）

第2条　営団渋谷駅務区長は、渋谷駅における運転作業内規を作成し、営団運転部を通じて東急鉄道部に送付するものとする。

（運転整理）

第3条　直通列車の運転整理は、営団運輸指令長（以下「営団指令長」という。）と東急運輸司令長（以下「東急司令長」という。）が協議して行うものとする。

2　営団指令長および東急司令長は、直通列車の遅延したとき、または遅延するおそれのあるときは、相互に通知しなければならない。

（き電の開始および停止）

第4条　電車線路のき電の開始および停止時刻は、次の各号のとおりとする。ただし、東急線は、偶数日および月末を終夜送電とする。

　(1)　き電開始　営団　4時40分
　　　　　　　　東急　4時30分
　(2)　き電停止　営団　0時50分
　　　　　　　　東急　1時20分

2　臨時にき電の開始または停止時刻を変更するときは、営団指令長と東急司令長が協議して行うものとする。

（渋谷駅の進路制御）

第5条　渋谷駅における列車または車両の進路制御は、中央制御とし、故障その他の事由により中央制御ができないときは、現地制御とする。

　　㊟　中央制御とは、運輸指令所の中央制御装置により列車集中制御を行うことをいい、現地制御とは渋谷駅の継電連動装置を信号扱所で直接取扱うことをいう。

（渋谷駅の構内運転）

第6条　東急運転士は、渋谷駅における構内運転は原則として行わないものとする。ただし、事故その他やむを得ない事由のあるときは、次の各号の区間を運転することができる。

　(1)　11R入換信号機－1RT車両停止標識間
　(2)　12R入換信号機－6BT車両停止標識間
　(3)　13L入換信号機－1番線車両停止標識間
　(4)　14L入換信号機－1番線車両停止標識間

2　前項ただし書の場合の進路制御は、現地制御とする。

（臨時信号機の現示方式）

第7条　渋谷駅における臨時信号機の信号現示の方式は、営団の規定による。ただし、建植位置が東急線内となるものは、東急の規定による。

（標識および諸標の表示方式）

第8条　渋谷駅における標識および諸標の表示方式は、営団の規定による。

（乗継ぎの取扱い）

第9条　渋谷駅において営団乗務員と東急乗務員が列車を乗継ぎ交代する場合、乗務員室の各機器等の取扱いは、次の各号のとおりとする。

　(1)　運転士位置
　　　　主幹制御器　抜取り位置
　(2)　車掌位置
　　　　車掌スイッチ　　　開位置　ただし、回送列車は閉位置とする。
　(3)　列車種別設定　　　相手線の列車種別に設定する。
　(4)　冷房、暖房スイッチ　切位置
　(5)　その他　　　　　　到着前の状態のままとする。

（引継ぎ）

第10条　営団および東急の乗務員は、交代するとき列車番号、運転状況および車両状況等を口頭で引継ぐものとする。

2　乗務員の責任の分界は、引継ぎの完了したときとする。

（線路閉鎖の通告）

第11条　渋谷駅（停車場構内を除く。）と池尻大橋駅間下り線で線路閉鎖工事を施行する場合、

東急の工事監督者は、工事の着手および終了を
三軒茶屋駅長を通じて渋谷駅務区長に通告しな
ければならない。

（トロリーの使用）

第12条　渋谷駅および渋谷駅と池尻大橋駅間でト
ロリーまたは大形モーターカーを使用する場合
は、原則として営団および東急それぞれの保守
区分までとする。

（列車防護）

第13条　事故その他の事由により列車防護を行う
ときは、これを担当する係員の所属する機関の
規定による。

（退行運転）

第14条　渋谷駅と池尻大橋駅間の下り線で退行運
転の必要のあるときは、営団指令長と東急司令
長が協議して行うものとする。

（制動軸数不足の場合）

第15条　故障その他の事由により制動軸数の割合
に不足の生じたときは、次の各号の取扱いによ
る。

（1）　営団線へ直通する列車に対しては、営団の
規定による。

（2）　東急線へ直通する列車に対しては、東急の
規定による。

（発車待ち等の場合）

第16条　営団指令長は、発車待ちを指令した場合、
直ちにこの旨東急司令長に通知し、東急線内の
運転の確保について協議しなければならない。

2　東急司令長は、駅間停止列車のでるおそれの
ある場合、直ちに営団指令長に通知し、渋谷駅
から東急線への出発見合わせ等を協議しなけれ
ばならない。

（非常発報を受信した場合）

第17条　営団指令長および東急司令長は、相手線
に関連した非常発報を受信した場合、直ちに発
報区間および停電区間を相互に通知しなければ
ならない。

（地震が発生した場合）

第18条　営団指令長および東急司令長は、強い地
震が発生した場合は、直ちに地震の情報および
運転規制の要否等を相互に通知しなければなら
ない。

（添乗防護具の使用）

第19条　直通列車の扉が閉扉不能の場合は、添乗
防護具を装着し、相互直通使用を行うものとす
る。この場合、係員の添乗は相互に最寄駅まで
とする。

2　使用の終了した相手線所属の添乗防護具は、
すみやかに返送する。

（車両の留置）

第20条　東急乗務員は、渋谷駅に車両を留置した
ときは、転動防止の処置を行ったうえ、その完
了を駅務区長に報告しなければならない。

（協定していない事項の処理）

第21条　この協定に定めてない事項、または疑義
の生じた事項については、営団と東急がその都
度協議して処理するものとする。ただし、協議
のいとまのない場合は、営団指令長と東急司令
長が協議のうえ処理することができる。

（有効期間）

第22条　この協定は、昭和53年8月1日から施行
し、昭和54年3月31日まで有効とする。ただし、
期間満了の1ヵ月前までに営団および東急から
別段の意思表示がない場合は、次の1ヵ年これ
を有効とし、以後この例によって継続するもの
とする。

以上の協定を証するため、この証書を2通作成
し、おのおの記名押印のうえ、各その1通を保有
する。

　　　　昭和53年7月20日
　　　　　帝都高速度交通営団
　　　　　　運転部長　　多部　一朗
　　　　　東京急行電鉄株式会社
　　　　　　鉄道部長　　大久保誠三

直通運転に伴う運転事故および旅客負傷事故等の処理に関する申し合わせ事項

帝都高速度交通営団（以下「営団」という。）運転部長と東京急行電鉄株式会社（以下「東急」という。）鉄道部長は、営団半蔵門線と東急新玉川線、田園都市線との直通運転に伴なう運転事故および旅客負傷事故等の処理に関して、次のとおり申し合わせをする。

（運転事故の報告および届出担当区分）

第1条　渋谷駅で発生した運転事故等の東京陸運局に対する報告および届出の担当区分は、次の各号のとおりとする。

　(1)　営団に起因する事故は、営団が行う。

　(2)　東急に起因する事故は、東急が行う。

　(3)　前各号に該当しないとき、または特に必要と認めたときは、営団と東急で協議のうえ行う。

（運転事故等の処理）

第2条　渋谷駅務区長は、渋谷駅で発生した東急の運転事故等の報告は、東急の規定により処理する。

　(註)　列車運転事故報告記載心得

2　前項の場合、報告書は東急制定のものを使用し、営団運転部運転課（以下「営団運転課」という。）へ2部提出し、その1部を東急鉄道部運転課（以下「東急運転課」という。）へ送付する。

3　事故関係者からの状況報告は相互に交換し、その他関係事項の処理についても協調する。

（旅客負傷事故等の取扱い）

第3条　列車の運転に関係して、旅客に負傷事故が発生した場合および旅客の衣服、所持品等に損傷が生じた場合の取扱いは、原則として次の各号による。

　(1)　渋谷駅で発生した場合

　　ア．営団に関係する事故は、渋谷駅務区長が処理する。

　　イ．東急に関係する事故は、当初の処置は渋谷駅務区長が行い、その後の処理は鷺沼車掌区長が行う。

　　　報告は、第2条第1項、第2項と同様の取扱いとする。

　(2)　東急線内で発生し、営団線の駅に申し出た場合

　　当初の処置は営団の当該駅務区長が行い、営団運転課に報告する。報告を受けた当該課は、東急運転課に通知し、以後の処理は東急が行う。

　(3)　営団線内で発生し、東急線の駅に申し出た場合

　　当初の処置は東急の当該駅長が行い、東急運転課に報告する。報告を受けた当該課は、営団運転課に通知し、以後の処理は営団が行う。

2　発生の場所または原因等が不明確な場合は、営団運転課と東急運転課で協議したうえ処理する。

以上の申し合わせを証するため、この証書を2通作成し、おのおの記名押印のうえ、各その1通を保有する。

昭和53年7月20日
　　　帝都高速度交通営団
　　　　　運転部長　　多部　一朗
　　　東京急行電鉄株式会社
　　　　　鉄道部長　　大久保誠三

渋谷駅構内の取扱いに関する協定書

東京急行電鉄株式会社鷺沼車掌区長および鷺沼電車区長と帝都高速度交通営団渋谷駅務区長および青山車掌・電車区準備事務所長とは、渋谷駅における車両の出庫・留置ならびに列車の取扱いについて駅務区長、車掌および運転士の作業手順を明確にして不測の事故を防止するため、次のとおり協定する。

記

（出庫点検）
第1条　二子玉川方に進出する列車の出庫点検は東急運転士および車掌が行う。

（出場報告）
第2条　東急運転士および車掌は、駅事務室において駅務区長に出場の報告を行う。

（終着列車車掌の取扱）
第3条　二子玉川方から進入する終着列車の客扱いおよび閉扉操作は、東急車掌が取扱う。

（留置完了の報告）
第4条　営団運転士は、駅事務室において駅務区長に留置完了の報告を行う。

（出場および留置完了の確認）
第5条　駅務区長は、前第2条の東急運転士および車掌から出庫のため出場、または前第4条の営団運転士から留置完了の報告を受けたときは、出庫留置確認簿に列車番号、担当者氏名および申告時間を記録する。

（手歯止の使用）
第6条　営団運転士は、留置車両の二子玉川方に手歯止（4箇）を施し、手歯止使用板をメンハンドルにとりつける。

（駅務区長の手歯止装着の確認）
第7条　駅務区長は、手歯止による転動防止の処置を営団運転士に確認する。

（出発指示および閉扉合図の表示）
第8条　駅務区長は、始発列車の出発時間20秒前に出発指示合図を表示する。また、ホーム整理員は、車掌用整理ベルの鳴動後、閉扉に支障がないと認めたとき閉扉合図を表示する。

（車掌用整理ベルの取扱）
第9条　東急車掌は、始発列車においては駅務区長の出発指示合図を確認後、また、始発列車以外の列車を出発させるときは、車掌用整理ベルの押釦を操作し鳴動させる。

付　則

1．この協定に定めてない事項または疑義が生じた場合その都度協議する。

2．この協定事項は、昭和53年7月26日から実施する。

昭和53年7月23日

東京急行電鉄株式会社
　　鷺沼車掌区長　　　高　瀬　喜　充
　　鷺沼電車区長　　　笠　原　章　平

帝都高速度交通営団
　　渋谷駅務区長　　　茂木栄一郎
　　青山車掌・電車
　　区準備事務所長　　鈴　木　信　雄

出典：『東京地下鉄道半蔵門線建設史（水天宮前～押上）』（帝都高速度交通営団）

2号線車両規格

照号	項 目	内 容	備 考
1	隧道の寸法	高さ＝4,850㎜、幅＝3,700㎜	
2	建築および車両定規	昭和33-11-1付三社協定書付図のとおり	
3	車両の編成	2両単位で最大6両編成とし分割、併合は一応施行しない。各社の車両相互の連結は非常の場合以外は行なわない。	
4	乗務員	各社の乗務員は接続駅にて乗継ぎとする	
5	ホームの高さ	軌条面上1,050㎜とする。	
6	車両の寸法	車体長（連結面間）　　　　　　　18,000㎜ 車体幅（車両定規）　　　　　　　2,800㎜（車側灯は含まず） パンタグラフ折畳み高さ（車両定規）　4,000㎜ 心皿中心距離　　　　　　　　　　12,000㎜	
7	連結器の種類	列車の前後、両端のものは、事故の場合他社の車両と相互に連結出来るものとする。	
8	連結器の高さ	固定編成の両端の連結器高さは800㎜から880㎜の範囲内にする。	
9	床面の高さ	軌条面上1,125㎜とする。	
10	車両の構造	全電動車とし定員は運転室付140名、中間車150名とする。A-A様式に準拠する。	
11	出入口	出入口は片側3ヵ所、扉は両開き式、有効幅は1.3m、高さは1.8mを標準とする。その位置は出入口の中心ピッチ6mを標準とする。	
12	通風装置	強制通風装置を取り付ける。	
13	荷物棚	取り付ける。	
14	窓の開放寸法および保安	側窓の開放寸法は150㎜以内かまたは保護棒を設ける場合は下より150、100㎜のピッチを標準とする。また、中間車となる運転室で乗客が乗込むことが考えられる簡所の側扉の落し窓を開いた場合、その上端は床面より1,100㎜以上とする。	
15	標識灯	前照灯、尾灯は腰下左右各1個、運行板は運転室の反運転士前面とする。方向幕は車体上部中央に、地下直通標識は方向幕の色別による。なお運行方向を表わすものおよび側板は設けない。	
16	運転室の構造	運転室は全室構造とする。	
17	取扱い機器	運転室の取扱い機器中統一すべきものは別表のとおりとする。別表「運転室の取扱い機器一覧表」参照	
18	空制方式	HSC方式で初込め作用およびハンドル抜き取り位置においてブレーキ作用を付加すること。なお非常連結時制動管をホースにて連結する。	
19	加減速度	加速度3.0KM/H/S、減速度4.0KM/H/Sを標準とする。	
20	主電動機の出力	75KWを標準とする。（算定条件） 　地下路線長　　21KM 　駅間距離　　　0.9KM 　運転時分　　　41分 　停車時分　　　25秒 39‰で426m連続上り勾配（半径160mの曲線付帯）において乗車人員180％のとき主電動機半減で再起動可能のこと。	
21	電気ブレーキ方式	発電ブレーキを作用する。	
22	非常連絡方式	車内の連絡は高声電話方式とし、車外との連絡および非常発報については誘導式無線電話方式とする。	
23	列車自動制御装置	高周波連続誘導式の列車自動制御装置を設備する。	
24	車内警報装置	B形車内警報装置を設備する	

別表　運転室の取扱い機器一覧表

取付け位置参考図

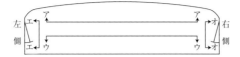

項	機器の名称	配置位置	操作方法	標記	色彩	記事
1	主幹制御器	アーアの左隅	1. ハンドルの回転方向は時計式とする。			
			2. ノッチの刻みはoff1.2.3を標準とする。			ノッチ刻みが標準と異なる場合でもこれと同等の運転取扱いができること。
			3. レバースハンドルを取付ける。ハンドル位置はできれば主ハンドル軸の右側とする。			レバースハンドルは乗継ぎの際は車両に付属するものと考える。
			4. レバースハンドルは前方に押して前進とする。			
2	ブレーキ弁	アーア 主幹制御器の右側		弛め—RL 全ブレーキ—FS 自動重り—AL 自動—S 非常—EM 抜取り—HO （上記を見易いところに標記する）		角度は標準である。
3	押スイッチ	運転士の至近距離	押して「入」	前照灯	ツマミの塗色に赤と白は当分使用しない	方向幕灯、運行板灯スイッチと兼用
			〃 「減光」	（前照灯減光）		減光を用いる場合
			〃 「入」	電灯点滅		つける場合
			〃 〃	ノッチ進メ		
			〃 〃	リセット		
		任意	押して「連」引いて「非」	戸閉連動		
			押して「入」	制御		
			〃 「〃」	パンタ上げ		
			〃 「〃」	暖房		
			〃 「〃」	尾灯		方向板灯、運行板灯スイッチ兼用
			〃 「〃」	戸閉←		
			〃 「〃」	戸閉→		
				送風機		
				地下標示灯		

項	機器の名称	配置位置	操作方法	標記	色彩	記事
4	名称のみ統一するスイッチ	位置形状は任意	任　　意	電動発電機		
				空気圧縮機		
				調圧器		
				調圧同期		
				放送		
				ブザー		
				弱界磁		「弱メ界磁」でも良い。
5	パンタ下スイッチ	運転士の至近距離		パンタ下		押スイッチとする全車一斉動作とする。
6	非常報知ブザー					乗務員間連絡ブザーを兼用する。
7	空気圧力計	アーア向って左		単位kg/cm2	赤針―制動筒	圧力範囲および調圧
				〃 〃	黒〃―直通管	値の標記を行なう
		アーア向って右			赤〃―元空気溜	
					黒〃―釣合空気溜	
		（元空気溜用の左）			黒〃―制御空気溜	予備ブレーキに制御空気溜を使用する場合
8	速度計	運転士の見やすい所				
9	時計台	同上				
10	仕業表差	同上				夜間は光があたる所
11	笛弁ペダル	アーア	右足で踏む			形状別図
12	ヂスコン棒	各運転室につける				
13	手歯止	運転室の左側の足かけ付近に2コ取り付ける。				
14	消火器	見やすい場所				
15	知らせ灯	アーア	扉閉の場合点	戸・閉	「白灯」計器灯と兼用してよい。	扉開のとき「赤灯」点でもよい。
			不具合状態で点	過電流	「黄灯」または文字うき出し	
16	車掌スイッチ	エーエ　オーオ	上から押して閉扉			鍵はつけない
17	車掌弁	同上			コックと把は赤色	車掌の操作しやすい位置に両側につけること。
18	ブザー押釦	同上				車掌スイッチの上または下
19	ブザー					合図用非常ブザーと兼用
20	制御回路開放器	自由		「入」「切」		「入」でロックする。
21	方向切換え器		「前」「切」「后」			回路は戸閉連動、ブザー ATC回路
22	戸閉開放コック			戸閉開放		標記する。

出典：『東京地下鉄道日比谷線建設史』（帝都高速度交通営団）

列車の相互直通運転に関する契約書

東武鉄道株式会社（以下「東武」という。）と帝都高速度交通営団（以下「営団」という。）とは、昭和32年9月24日締結の「列車の相互直通運転に関する覚書」に基き、列車の相互に直通運転することについて、次のとおり契約する。

（直通列車の運転）

第1条　直通列車は各駅停車とし、その乗入れ車両料は相互間の均衡を保持するようにつとめる。

2．直通列車の運転する区間は、営団線内は全区間、東武線内は北越谷駅までとし、途中の折返し地点は竹の塚駅とする。ただし、輸送需要に従つて協議のうえこれを変更することができる。

3．直通列車の車両運用およびその運転時刻等は別途協議する。

4．営団線の第1期開業区間を北千住・人形町間とし、営団線内の運転は原則として当初は朝夕混雑時3分時隔、昼間4分時隔とし、編成は4両連結とする。

5．相互に直通する列車は、営団線内を運転する列車3本中1本を原則とする。

6．前2号の事項について変更の必要が生じた場合は、あらかじめ協議のうえ決定する。

（使用車両の規格）

第2条　直通運転に使用する車両の規格は「2号線車両規格表」（別紙1）のとおりとする。

（保安装置の取扱）

第3条　東武および営団は、北千住駅に共同の信号取扱所を設け、「北千住停車場保安装置取扱区分図」（別紙2）により保安装置を取扱う。

（運転整理）

第4条　東武および営団は、それぞれ1名の運転取扱責任者を北千住駅に置き運転整理にあたらせる。

2．相手線に影響をおよぼす列車運転状況および事故等の連絡は北千住駅常置の運転取扱責任者を通じて行う。

（乗務員の乗務および引継）

第5条　乗務員は各所属線内のみを乗務し、北千住駅乗降場において乗継交代する。

2．北千住駅における乗務引継の責任分界は引継の完了した時とする。

（運転関係駅務の区分）

第6条　北千住駅における東武と営団との運転関係駅務の区分は次のとおりとする。

(1)　東武の駅務

　　東武の乗務員が関係する作業

(2)　営団の駅務

　　営団の乗務員が関係する作業

（運転取扱心得の適用）

第7条　東武の乗務作業および運転関係駅務には東武の運転取扱心得を適用し、営団の乗務作業および運転関係業務には営団の運転取扱心得を適用する。

（運転に必要な事項の周知方）

第8条　東武および営団は、相手方の運転に必要と思われる事項の命令、達示類を相互に交換し、その周知徹底につとめる。

（使用車両の保守）

第9条　直通運転に使用する車両の保守、整備および検査はその所属運輸機関が担当する。

（車両使用料）

第10条　相手所属の車両を使用したときは、車両使用料としてその走行粁に対し次の割合による金額を相手方に支払うものとする。ただし下記の車両はこのかぎりでない。

　　イ．試運転車

　　ロ．救援車

　　ハ．空車として回送する事故車

　　ニ．直通運転不能時間中相手線内にあつた車両

2．車両使用料については別途協議する。

（車両使用料の支払方）

第11条　前条車両使用料は6ヵ月分をとりまとめ、毎月4月1日から9月末日までおよび10月1日から翌年3月末日までの分をそれぞれ翌月末日までに清算するものとする。

2．前項の車両使用料の清算にあつては協議のうえ、車両料によつて計算し、その不均衡分を翌期に調整して、これに代えることができる。

（直通車両の事故の処理方）

第12条　直通車両が相手線内で事故または故障となつた時は、その線路の所属運輸機関が復旧または応急処置を施し、使用不能の場合はすみやかに相手方に返送する。ただし、自力回送不能

の場合は協議のうえ処理する。

（直通運転に関して生じた損害負担の範囲）

第13条　直通運転に関して生じた損害負担の範囲は次のとおりとする。

(1)　線路、電車線路および保安装置ならびに建造構築物について生じた損害

(2)　車両について生じた損害

(3)　旅客および従事員その他第三者について生じた損害

（損害の負担方）

第14条　前条の損害は、その責に帰すべき運輸機関が負担する。ただし事故の責任が不明のとき、両運輸機関以外のものによるとき、または両運輸機関双方に責任があるときは、その都度協議して、その負担割合を定める。

（契約の有効期間）

第15条　この契約の有効期間は昭和37年5月31日から昭和38年3月31日までとする。ただし期間満了の1ヵ月前までにこの契約と異なる意思を表示しないときは、次の1年間これを有効とし、以後この例による。

（契約の改訂）

第16条　この契約は前条に定める有効期間内であつても必要に応じ協議のうえ改訂することができる。

（補則）

第17条　この契約に定めのない事項は、その都度東武と営団が協議して定める。

2．この契約を証するため本書2通を作成し、各自記名押印のうえその1通を保有する。

昭和37年5月25日

東武鉄道株式会社

取締役社長　根津嘉一郎

帝都高速度交通営団

総　　裁　牛島辰彌

出典：『東京地下鉄道日比谷線建設史』（帝都高速度交通営団）

営団半蔵門線、東急田園都市線及び東武伊勢崎線・日光線との間における列車の
相互直通運転に関する契約書

帝都高速度交通営団（以下「営団」という。）、東京急行電鉄株式会社（以下「東急」という。）及び東武鉄道株式会社（以下「東武」という。）（以下総称して「三者」という。）は、平成11年9月14日付けで締結した「営団11号線、東急新玉川線・田園都市線、東武伊勢崎線との間における列車の相互直通運転に関する覚書」に基づき、営団半蔵門線、東急田園都市線及び東武伊勢崎線・日光線の間における列車の相互直通運転について、次の条項により契約を締結する。

（相互直通運転区間、運転時隔、運転回数及び運転時刻）

第1条　相互直通運転する列車（以下「直通列車」という。）の運転区間は、営団線内においては半蔵門線、東急線内においては田園都市線、東武線内においては伊勢崎線・日光線とし、三者で協議の上定めるものとする。

2　直通列車の運転時隔、運転回数及び運転時刻は、三者が協議の上定めるものとし、それぞれの車両の相手線内の走行キロが、極力接近するように努めるものとする。

3　輸送状況その他の事由により、直通列車の運転回数又は運転時刻等を一時的に変更する必要のある場合は、関係する運輸機関が協議の上定めるものとする。

（直通列車の編成）

第2条　直通列車の編成車両数は、三者とも10両編成とする。

（列車種別）

第3条　直通列車の列車種別は、三者が協議の上定めるものとする。

（使用車両の規格及び整備）

第4条　直通列車に使用する車両は、「営団11号線、東急新玉川線・田園都市線、東武伊勢崎線との直通車両の規格仕様に関する覚書」によるものとし、あらかじめ三者が相互に認定したものでなければならない。

2　三者は、直通列車の運転に支障のないようにそれぞれの所属車両を整備しておかなければならない。

（線路、建造物等運転関係設備の整備）

第5条　三者は、線路、建造物等直通列車の運転に関する設備を常に支障のない状態に整備しておかなければならない。

（直通列車の授受線）

第6条　渋谷駅における直通列車の授受線は、1番線及び2番線とする。

2　押上駅における直通列車の授受線は、1番線及び4番線とする。

（乗務員及び列車の引継ぎ）

第7条　直通列車の乗務員は、営団線内においては営団所属乗務員が、東急線内においては東急所属乗務員が、東武線内においては東武所属乗務員がそれぞれ担当するものとし、前条に定める直通列車の授受線で引き継ぐものとする。

2　前項の引継ぎについては、別途協定を締結する。

（事故概要の速報）

第8条　三者は、相手線に影響を及ぼすおそれのある事故等が発生したときは、相互に概要を速報するものとする。

（車両使用料）

第9条　それぞれの相手所属車両が乗り入れた場合の車両使用料は、別途協定により定めるものとする。

（直通運転により生じた事故の損害の負担範囲）

第10条　直通列車の運転により生じた事故の損害の負担範囲は、次のとおりとする。

⑴　線路、電車線路、保安装置、建造物等について生じた損害

⑵　車両について生じた損害

⑶　旅客、従事員その他第三者について生じた損害

（損害の負担方法）

第11条　前条の損害の負担方法は、次のとおりとする。

⑴　損害の負担は、損害を与えた運輸機関において負担するものとする。

⑵　損害の原因が明らかではない場合又は原因が競合して発生し、損害額を区分することができない場合は、関係する運輸機関で協議して負担方法を定める。

(3) 損害の原因が三者以外による場合は、次により処理する。

 ア　損害の負担は、車両を使用していた運輸機関とする。

 イ　損害の査定は、関係する運輸機関が協議して決定する。

 ウ　加害者に対する賠償金の請求等の事務については、関係する運輸機関が相互に協力する。

(4) 天災その他不可抗力により発生した損害の負担については、関係する運輸機関が協議して決定する。

(5) 事故等により直通列車の運転を休止したことによって生じた損害は、相互に求償しないものとする。

（直通運転により生じた事故の処理方法）

第12条　直通運転により生じた事故の処理は、次のとおりとする。

(1) 運転事故及び旅客負傷事故の処理に関しては、別途定める。

(2) 線路、電車線路、保安装置、建造物等について事故又は故障が生じた場合は、当該施設を保有する運輸機関が処理する。

(3) 車両について事故又は故障が生じた場合は、その車両を使用していた運輸機関が復旧し、又は応急処置を施し、当該車両を保有する運輸機関に返送する。ただし、返送できない場合又は事故の内容が重大であると認められる場合は、その都度関係する運輸機関が協議して処理する。

（債務の履行）

第13条　この契約から生じる債務は、その期日までに遅滞なく履行するものとする。

（契約の有効期間）

第14条　この契約は、平成15年3月19日から平成16年3月31日まで有効とする。ただし、有効期間満了日の1か月前までに三者のいずれからも別段の意思表示がない場合は、更に1か年この契約は更新されるものとし、以後この例による。

（改定又は解約）

第15条　この契約は、前条の有効期間内であっても、必要に応じ三者が協議の上、改定し、又は解約することができる。

（規定外事項）

第16条　この契約に定めのない事項又はこの契約の解釈について疑義が生じた場合は三者で協議して定めるものとし、これにより難い場合は法令の定めるところによる。

（旧契約の失効）

第17条　営団及び東急で締結した昭和56年3月28日付け「営団半蔵門線と東急田園都市線との相互直通運転契約書」は、平成15年3月18日をもって失効するものとする。

本契約の証として、契約書を3通作成し、それぞれ記名押印の上、各1通を保有する。

平成15年3月12日

　　　　　　東京都台東区東上野三丁目19番6号

営　団　　帝都高速度交通営団

　　　　　　　総　　裁　　土　坂　粂　敏

　　　　　　東京都渋谷区南平台町5番6号

東　急　　東京急行電鉄株式会社

　　　　　　　取締役社長　　上　條　清　文

　　　　　　東京都墨田区押上一丁目1番2号

東　武　　東武鉄道株式会社

　　　　　　　取締役社長　　根　津　嘉　澄

出典：『東京地下鉄道半蔵門線建設史（水天宮前〜押上）』（帝都高速度交通営団）

相互直通運転に伴う運転事故及び旅客負傷事故等の処理に関する申合せ書

帝都高速度交通営団（以下「営団」という。）、東京急行電鉄株式会社（以下「東急」という。）及び東武鉄道株式会社（以下「東武」という。）（以下総称して「三者」という。）は、相互直通運転に伴う運転事故及び旅客負傷事故等の処理に関して次のとおり申し合わせる。

（運転事故の処置及び届出担当区分）

第1条　運転事故等の処置並びに関東運輸局に対する報告及び届出の担当区分は次のとおりとする。

　(1)　渋谷駅で発生した運転事故は、営団渋谷駅務区長（以下「渋谷駅務区長」という。）が処置するものとし、関東運輸局に対する報告及び届出の担当区分は、次のとおりとする。

　　ア　営団に起因する事故は、営団が行う。

　　イ　東急に起因する事故は、東急が行う。

　　ウ　前ア及びイに該当しない場合又は特に必要と認めた場合は、営団と東急で協議の上行う。

　(2)　押上駅で発生した運転事故は、営団住吉駅務区長（以下「住吉駅務区長」という。）が処置するものとし、関東運輸局に対する報告及び届出の担当区分は、次のとおりとする。

　　ア　営団に起因する事故は、営団が行う。

　　イ　東武に起因する事故は、東武が行う。

　　ウ　前ア及びイに該当しない場合又は特に必要と認めた場合は、営団と東武で協議の上行う。

（運転事故の委託先への報告）

第2条　営団は、渋谷駅で東急の運転事故等が発生した場合は東急へ、押上駅で東武の運転事故等が発生した場合は東武へ報告するものとする。

2　運転事故等の処理担当者は、それぞれ事故関係者からの状況報告を相互に交換し、その他関係事項の処理についても協力するものとする。

（旅客の救護及び復旧）

第3条　運転事故及び旅客負傷事故等が発生したときは、旅客の救護及び復旧について関係する運輸機関は協力するものとする。

（事故原因の調査）

第4条　事故原因の調査は、運転事故等の届出を担当する運輸機関が行うことを原則とする。

（警察署、消防署等への連絡通報及び対応）

第5条　警察署、消防署等への連絡通報及び対応は、事故発生の第一報を受けた運輸機関が行うものとし、以後の連絡通報及び対応は、事故処理を担当する運輸機関が行うものとする。

（報道機関への対応）

第6条　事故発生時の報道機関への対応は、関係する運輸機関が協力して行うものとする。

（対策本部の設置及び運営）

第7条　事故が他の運輸機関に関係する場合又はそのおそれのある場合は、それぞれ各対策本部の設置後の運営において、関係する運輸機関が必要な情報を相互に通知するものとする。

（事故の対策）

第8条　事故の対策は、運転事故等の原因調査を行う運輸機関が策定するものとする。

2　三者は、前項の対策を行うべき運輸機関から改善等の申入れを受けた場合は、協議の上実施するものとする。

（旅客負傷事故等の取扱い）

第9条　旅客負傷事故等が発生した場合の取扱いは、次のとおりとする。

　(1)　渋谷駅で発生した場合

　　ア　営団に関係する旅客負傷事故等は、渋谷駅務区長が処理する。

　　イ　東急に関係する旅客負傷事故等は、当初の処理は渋谷駅務区長が行い、その後の処理は東急が行う。

　(2)　押上駅で発生した場合

　　ア　営団に関係する旅客負傷事故等は、住吉駅務区長が処理する。

　　イ　東武に関係する旅客負傷事故等は、当初の処理は住吉駅務区長が行い、その後の処理は東武が行う。

　(3)　営団線内で発生し、東急線内の駅に申し出た場合

　　当初の処理は、東急の当該駅長が行い、東急運転車両部に報告する。報告を受けた東急運転車両部は、営団運輸部に通知し、その後の処理は営団が行う。

　(4)　営団線内で発生し、東武線内の駅に申し出た場合

当初の処理は、東武の当該駅長が行い、東武運転車両部に報告する。報告を受けた東武運転車両部は、営団運輸部に通知し、その後の処理は営団が行う。

⑸ 東急線内で発生し、営団線内の駅に申し出た場合

当初の処理は、営団の当該駅務区長が行い、営団運輸部に報告する。報告を受けた営団運輸部は、東急運転車両部に通知し、その後の処理は東急が行う。

⑹ 東急線内で発生し、東武線内の駅に申し出た場合

当初の処理は、東武の当該駅長が行い、東武運転車両部に報告する。報告を受けた東武運転車両部は、東急運転車両部に通知し、その後の処理は東急が行う。

⑺ 東武線内で発生し、営団線内の駅に申し出た場合

当初の処理は、営団の当該駅務区長が行い、営団運輸部に報告する。報告を受けた営団運輸部は、東武運転車両部に通知し、その後の処理は東武が行う。

⑻ 東武線内で発生し、東急線内の駅に申し出た場合

当初の処理は、東急の当該駅長が行い、東急運転車両部に報告する。報告を受けた東急運転車両部は、東武運転車両部に通知し、その後の処理は東武が行う。

2 発生の場所又は原因等が不明確な場合は、関係する運輸機関が協議した上処理する。

（申合せの有効期間）

第10条 この申合わせは、平成15年3月19日から平成16年3月31日まで有効とする。ただし有効期間終了の1か月前までに、三者のいずれからも別段の意思表示がない場合は、更に1か年この契約は更新されるものとし、以後この例による。

（改定又は解約）

第11条 この申合せは、前条の有効期間内であっても必要に応じ、三者が協議の上、改定又は解約することができる。

（規定外事項）

第12条 この申合せに定めのない事項又はこの申合せの解釈について疑義が生じた場合は三者で協議して定めるものとし、これにより難い場合は法令の定めるところによる。

（旧契約の失効）

第13条 営団と東急で締結した昭和53年7月20日付け「直通運転に伴う運転事故および旅客負傷事故等の処理に関する申し合わせ書」は、平成15年3月18日をもって失効するものとする。

この申合せの証として、申合せ書を3通作成し、それぞれ記名押印の上、各1通を保有する。

平成15年3月12日

東京都台東区東上野三丁目19番6号
営　団　帝都高速度交通営団
　　　　運輸部長　東　濱　忠　良
東京都渋谷区南平台町5番6号
東　急　東京急行電鉄株式会社
　　　　運転車両部長　藤　條　義　之
東京都墨田区押上一丁目1番2号
東　武　東武鉄道株式会社
　　　　運転車両部長　中　谷　和　男

出典：『東京地下鉄道半蔵門線建設史（水天宮前〜押上）』（帝都高速度交通営団）

東急所属車両の使用料金に関する協定書

帝都高速度交通営団（以下「営団」という。）と東京急行電鉄株式会社（以下「東急」という。）とは、営団半蔵門線と東急新玉川線、田園都市線との直通運転契約書にもとづき、東急所属車両の営団線内の使用に関して、次の条項により協定を締結する。

（使用期間）

第1条　営団の東急所属車両を使用する期間は、昭和53年6月1日からとし、営団が所属車両を保有して相互直通運転を開始する前日までとする。

（使用料金）

第2条　営団は、東急に対して次の車両使用料金を支払うものとし、四半期ごとに東急の請求により納入し、当該年度末にその実績により清算するものとする。

316,563,000円

ただし、昭和53年6月1日から昭和54年3月31日までの概算額とする。

2　前項の使用料金は、営団と東急が協議して定めるものとし、毎年度末に次の1ヵ年の概算額を定める。

（有効期間）

第3条　この協定は、昭和53年6月1日から適用し、昭和54年3月31日まで有効とする。ただし、期間満了の1ヵ月前までに営団および東急から別段の意思表示がない場合は、次の1ヵ年これを有効とし、以後この例によって継続するものとする。

（改定または解除）

第4条　この協定は、前条の有効期間内であっても必要に応じ、営団と東急が協議のうえ、いつでも改定または解約することができる。

この協定を証するため、この証書を2通作成し、それぞれ記名押印のうえ、各その1通を保有する。

昭和53年7月20日

帝都高速度交通営団

総　　裁　山田明吉

東京急行電鉄株式会社

取締役社長　五島　昇

出典：『東京地下鉄道半蔵門線建設史（水天宮前～押上）』（帝都高速度交通営団）

鷺沼駅と鷺沼検車区との営団車両の出入区等に関する契約書

東京急行電鉄株式会社（以下「東急」という。）と帝都高速度交通営団（以下「営団」という。）とは、営団所属車両の東急鷺沼駅と営団鷺沼検車区との出入区等について、次の条項により契約する。

（作業の区分）

第1条　鷺沼駅と鷺沼検車区相互間の車両出入区に関する作業は、営団の業務とする。

2　車両の授受地点は鷺沼駅発着線とする。ただし、別途協議により暫定措置を定めることができる。

3　車両の出入区にともなう信号保安設備等の取扱は東急が行なう。

（運転経費）

第2条　前条に要する経費は営団負担とする。

　　　ただし、次の各号に該当する場合は対象としない。

(1)　東急の係員の教育、訓練にかかわる出入区

(2)　東急、営団双方が必要とする試験等にかかわる出入区

　　　前項の経費は別途協議する。

（車両の引継）

第3条　車両の引継は、第1条第2項に定める箇所において行なう。前項の責任分界は引継を完了したときとする。

（適用規程）

第4条　車両出入区のための運転取扱いは、東急の規程を適用する。

（規程、達示類の送付）

第5条　東急および営団は、運転に必要と思われる事項の規定、達示類を相互に送付し、その周知徹底に努める。

（臨時手配）

第6条　東急および営団は、車両の出入区作業等について臨時の手配を必要と認めたときは、東急運輸司令長と営団運輸指令長および東急鷺沼駅長と営団鷺沼検車区長が各々打合わせるものとする。

（事故の損害負担）

第7条　鷺沼駅と鷺沼検車区相互間の車両出入区により発生した事故に対する損害は営団の負担とする。ただし、東急従業員の故意または重大な過失により生じたものは、東急と営団が協議してきめる。

2　第三者行為によって発生した事故は、原則として営団において処理するものとし、疑義ある場合はそのつど東急と営団が協議してきめる。

（財産区分および使用区分）

第8条　用地、施設等の財産区分およびその使用区分は、別添第1、2号図のとおりとする。

（電力の需給）

第9条　鷺沼検車区で使用する直流電力は、東急本線から供給するものとし、そのき電系統は別添第2号図のとおりとする。

2　鷺沼検車区における使用電力量は、渋谷駅における並列運転にもなり融通電力量と合算して決済するものとし、細目は別途協議する。

（通信設備）

第10条　営団は、営団業務に必要な通信設備として、渋谷駅・鷺沼検車区間の東急電話回線を借用する。

　　　前項の細目は別途協議する。

（施設等の保守管理、補修）

第11条　東急および営団は、各々財産区分に基づいて施設等を保守管理する。

2　東急または営団は、相手財産内の施設に補修をする必要が生じたときは、その補修を要求することができ、要求をうけた東急または営団はそれが妥当であると認めたときは、速やかにその補修を行なう。

（施設等の更新、変更）

第12条　施設等の更新は、その使用頻度割合等により費用を負担するものとし、変更する場合は東急と営団が協議し、その工事費は原則として起因者負担とする。

（専用使用料、保守管理費）

第13条　東急財産区分内における営団の専用使用部分および東急、営団の共用使用部分の施設等（営団専用使用部分は線路用地を含む。）の使用料は、その使用頻度割合等により負担するものとする。ただし、施設使用料（金利、減価償却費相当分）は、新設、更新時に営団の負担した部分は対象としない。

2　前項の施設等の保守管理費は、その使用頻度

割合等により負担する。

3　前第1項、第2項の料金および費用は別途協議する。

（負担費の決済）

第14条　この契約にもとづいて支払う費用は、前年度に概算額を定め、4期にわけ次の期日に東急の請求により支払い、翌年度速やかにその実績により清算するものとする。

　　第1期　7月上旬まで

　　第2期　10月上旬まで

　　第3期　翌年1月上旬まで

　　第4期　翌年3月下旬まで

（契約してない事項の処理）

第15条　この契約に定めてない事項または疑義の生じた事項については、東急と営団がそのつど協議して処理するものとする。

（有効期間）

第16条　この契約の有効期間は、昭和56年4月1日から昭和57年3月31日までとする。ただし、期間満了の1か月前までに当事者から別段の意思表示がないときは、次の1か年これを有効とし、以後この例によって継続する。

（改定または解除）

第17条　この契約は前条の有効期間内であっても東急と営団が協議のうえ、いつでも改定または解除することができる。

　　この契約を証するためこの証書を2通作成し、それぞれ記名押印のうえ各その1通を保有する。

　　　　昭和56年3月30日

　　　　東京都渋谷区桜丘町26番20号

　　　　東京急行電鉄株式会社

　　　　　　取締役社長　五島　昇

　　　　東京都台東区東上野3丁目19番6号

　　　　帝都高速度交通営団

　　　　　　総　　　裁　山田明吉

出典：『東京地下鉄道半蔵門線建設史（水天宮前～押上）』（帝都高速度交通営団）

押上駅共同使用契約書

東京都（以下「都」という。）と京成電鉄株式会社（以下「京成」という。）とは、押上駅の共同使用について、次のとおり契約する。

（駅務の区分）

第1条　押上駅における駅務の区分は、次のとおりとする。

　　1　都駅務　押上駅と都営地下鉄線方面との相互間に発着するものに関する駅務

　　2　京成駅務　押上駅と京成線方面との相互間に発着するものに関する駅務

　　3　都、京成の相互駅務　押上駅を経由して、都営地下鉄線方面と京成線方面相互間に発着するものに関する駅務及び押上駅のみに関する駅務

（駅務の範囲）

第2条　押上駅における駅務の範囲は、次のとおりとする。

　　1　旅客（入場者を含む。）関係

　　　イ　出札事務

　　　ロ　改集札事務

　　　ハ　清算事務

　　　ニ　旅客の誘導案内事務

　　2　手荷物関係

　　3　列車取扱関係

　　　イ　列車発着の取扱

　　　ロ　信号機、転てつ器及び連動装置の取扱

　　4　車両の入換の取扱

（駅の共同使用の範囲）

第3条　押上駅における駅の共同使用の範囲は、付属第1図のとおりとする。

　　2　押上駅における駅施設の共同使用の範囲及び保守の責任分界点は、付属第2図のとおりとする。

（保守区分）

第4条　押上駅における共同使用施設の保守区分は、次のとおりとする。

　　1　信号保安、通信及び軌道の設備……都

　　2　き電線、電車線、高低圧配電線路及び構築、給排水、換気その他の設備……京成

（側線の運転）

第5条　押上駅の側線への出入は、押上駅の本線の運転に支障をおよぼさない時間に行うものとし、車両の種別入換の取扱等については、都と京成が協議して別に定める。

（駅長）

第6条　押上駅の駅長は、当分の間京成の所属の者とする。

（駅係員）

第7条　押上駅の係員は、当分の間京成が派遣して駅務に従事させる。

（連絡員）

第8条　都は、押上駅に連絡員として駅務助役を派遣し、主として都と京成の連絡業務に従事させるほか、駅務に協力させる。

（駅務処理の場合の適用規定）

第9条　押上駅における駅務は、第1条第1号及び第2号については、それぞれの規定により、第3号については、京成の規定によって処理する。ただし、第2条第3号及び第4号の処理については、京成の規定を適用する。

（規則類の送付）

第10条　都及び京成は、駅務処理に必要な規則類その他必要な刊行物を相互に交換する。

（備品及び帳表類その他消耗品の使用）

第11条　押上駅における都駅務の処理に必要な備品及び帳表類その他の消耗品は、京成のものを使用する。ただし、乗車券類及び都と京成が協議して定めたものは、都と調整したものを使用する。

　　2　前項ただし書により、都が押上駅に配付する乗車券類その他は、配付の都度その種類、員数、番号等を京成に通知する。これらの返納を受けた場合もまた同じとする。

（連絡運輸その他の承認）

第12条　都または京成が他社線との連絡運輸または列車の直通運転の開始その他の事由により、押上駅における駅務の処理に異動を生ずると認められる場合は、あらかじめ京成または都に連絡する。

（臨時に手を必要とする場合の処置）

第13条　都は、その列車運転のため押上駅の駅務その他の処理に臨時の手を必要と認めたときは、その旨を直ちに押上駅長に通知する。

（広告）

第14条　押上駅共同使用施設内における広告類の取扱及び掲出料については、都と京成が協議して別に定める。

（構内営業）

第15条　押上駅共同使用施設内における構内営業の取扱は、都と京成が協議して別に定める。

（運賃及び料金の取得）

第16条　押上駅における運賃及び料金の都または京成の収得方法は、次のとおりとする。

1　入場料金　折半により収得

2　前号以外の運賃及び料金　駅の区分により収得

（運賃及び料金の清算）

第17条　押上駅で取り扱った都の収得となる運賃のうち、都駅務として収得した出札収入金は毎日京成から都に引き渡し、その他の運賃及び料金は一たん京成の収入に組み入れ、1月分をとりまとめ、日本国有鉄道（以下「国鉄」という。）所定の連絡運輸清算規則の定めるところにより清算する。

（付帯作業等の請負）

第18条　押上駅における付帯作業等の一部を請負に付する場合はその都度、都と京成が協議して定める。

（災害時等の駅務）

第19条　非常時または災害時等における押上駅の駅務処理及び事故の復旧については、都と京成が協議して別に定める。

（事故の損害負担）

第20条　押上駅で発生した事故に対する損害の負担は、原則としてその責に帰すべきものが負担するものとし、その範囲、方法等については、都と京成が協議して別に定める。

（施設の使用）

第21条　押上駅の共同使用施設は、相互に無償で使用する。

（共同使用経費負担額）

第22条　この契約に基く押上駅の共同使用経費負担額は、都と京成が協議して別に定める。

2　前項の共同使用経費負担額の算定にあたって、

出典：『都営地下鉄建設史──1号線』（東京都交通局）

両者の負担の割合の明らかでないものについては、国鉄所定の駅共同使用契約準則を準用する。

（共同使用経費負担額の決済）

第23条　前条に定める共同使用経費負担額は、1月分をとりまとめ、翌月末日までに決済する。

2　年度途中における共同使用経費負担額の改定その他の事由のため、前項によることができない場合は、その都度、都と京成が協議してその決済期日を定める。

（契約期間）

第24条　この契約の期間は、昭和35年11月1日から昭和36年3月31日までとする。ただし、期間満了の6月前までに、この契約と異なる意思を表示しないときは、次の1年間これを有効とし以後この例による。

（契約の改定）

第25条　都または京成のいずれか一方において、この契約を改定しようとするときは相手方に通告し、1月前にその同意を得るものとする。

（補則）

第26条　この契約書に定のない事項が生じた場合は、その都度、都と京成が協議して定める。

第27条　この契約中東京都議会の議決を必要とする事項については、その議決を経たときに効力を発生する。

付　則

第1条　都または京成が直通運転開始前に押上駅の一部を使用する必要がある場合は、事前に使用理由及び方法を通知して相手方の承認を得るものとする。この契約を証するため、本書2通を作成し、各自記名押印のうえその1通を保有する。

　　　　　昭和35年9月14日
　　　　　東京都千代田区有楽町2丁目13番地
　　　　　東京都交通事業管理者
　　　　　　　東京都交通局長　　　人見捨蔵
　　　　　東京都台東区五条町3番地
　　　　　京成電鉄株式会社
　　　　　　　取締役社長　　　　　川崎千春

第2版 あとがき ── ついに相鉄までも参入した直通運転の醍醐味

　本書は所澤氏と私の共著となっているが、大半は所澤氏の手によるもので、本書第1版では、私は車両の撮影と解説を担当したに過ぎない。また第2版では、近年登場した直通運転用車両の写真の撮影に専念したため、著者と名乗るのはいささか面映ゆい。が、私なりの感想を述べることで、著者としての責を多少なりとも果たしたい。

　いまは兵庫県の明石市に住んでいるが、かつて自宅・勤務先ともに江戸川区だった時期がある。通勤は都バスか自転車だったが、自宅の最寄り駅が都営新宿線、勤務先の最寄り駅は営団東西線だったから、地下鉄にはよく乗った。勤務先から都内に出かけるときは東西線で都心に出て乗り換え、自宅から出張先に直行するときは、新幹線なら新宿線から総武快速線で東京、羽田空港なら新宿線から浅草線・京浜急行に乗り換えた。休日に出かけるときも地下鉄は欠かせなかった。都内各所に延びる地下鉄の路線網や、近郊まで直行する直通運転の恩恵を存分に享受したといえる。

　こういうわけで、第1版の準備にとりかかるまでは、地下鉄をはじめとする首都圏の鉄道網をそれなりに使いこなしているつもりだったが、首都圏の鉄道は進化が速く、少しの期間でも離れていると、まるでウラシマ状態だった。地下鉄に関して言えば、副都心線開業のインパクトが大きく、ずいぶん様変わりした。

　国内において他都市の追随を許さない規模を誇る東京の地下鉄は、東急新横浜線の開業により、東急東横線・目黒線を介して相模鉄道（相鉄）とつながり、地上を走る関東の大手私鉄8社すべてとJR東日本を合わせた9社が、東京メトロか都営地下鉄のいずれかと直通運転を行っている（その他、第三セクター数社とも直通運転がある）。

　ほかの都市圏はどうか。規模はかなり違うが、大阪メトロと直通運転を行う大手・準大手私鉄は、阪急、近鉄、北大阪急行の3社しかない。名古屋では、名鉄と名古屋市営地下鉄による直通運転のみ。福岡では、JR九州筑肥線と福岡市地下鉄空港線による直通運転のみだ。

　なお、横浜市営地下鉄は他社との直通運転を行っていないが、地下鉄予定路線と競合する路線として建設されたみなとみらい線は、準横浜市営地下鉄と呼んでも過言ではなく、同線と直通運転を行う東急東横線は、東京と横浜の地下鉄を一体化させている。

　以前の東急電鉄は、（田園都市線の沿線開発の前提条件だった）旧・新玉川線の建設と一体化された地下鉄半蔵門線への直通運転こそ別格の感があったが、（郊外私鉄と地下鉄の先駆事例の一つだった）東横線と地下鉄日比谷線の直通運転には、さほど力を入れているようには見えなかった。しかし、地下鉄南北線目黒延伸と東急目黒線の直通運

転を決めた頃から、様子が変わった。半蔵門線の押上延伸で、東武伊勢崎線にも積極的に乗り入れるようになり、副都心線の開業で、ますます直通運転区間が拡がった。

　さらに東急・相鉄新横浜線が開業し、相鉄と東急東横線・目黒線とのあいだで直通運転が始まると、直通運転の範囲は、相鉄から東武東上線・都営三田線・埼玉高速まで拡がった。

　直通運転の主役は東急電鉄の車両だが、相鉄の車両も副都心線の列車として東武和光市に姿を見せる。ただ、目黒線直通では、相鉄車両が埼玉高速の終点・浦和美園まで入線する運用があるのに対し、東横線直通では、東京メトロ内にとどまり、東上線を走る相鉄車両の運用はない。また、相鉄線内での他社所属車の運用も東急車両のみとなっていることも、面白味に欠ける。

　直通運転先としての相鉄は、沿線に観光地があるわけでなく、他社の利用者を引きつける魅力に乏しいことがその理由と思われる。とはいえ、みなとみらい線のように、埼玉県から休日の直通客を期待して設定された「S-TRAIN」のような列車が登場しなかったのは残念なことだ。

　しかし、新たな直通形態が生まれたことは注目に値する。これまでは〈大手私鉄─地下鉄─大手私鉄〉という形態だったが、今回、直通ネットワークに相鉄が加わったことで、〈大手私鉄─大手私鉄─地下鉄〉という新たな形態ができた。また、これにより、大手私鉄4社にまたがって直通する列車が生まれた。

　異なる鉄道会社間の直通運転は、車両を保有する会社が、線路を保有する会社に車両を貸し出すというかたちで行われる。2社直通なら、お互いに自社車両が直通先で走行する距離が同等になるように計画することで使用料の清算を調整する。契約内容は非公開だが、国鉄と営団地下鉄の直通運転に関して、会計検査院が電車の制御方式による消費電力の違いを考慮すべきという判断を下したと言われていることを踏まえると、ある程度は使用車両の仕様の違いを考慮した契約が行われていると推測される。

　このように2社間の契約でも一筋縄でいかないと思われる直通列車の清算が、3社間や4社間でどのように行われているのか、考えをめぐらせながら見るのも一興だろう。

2024年1月

来住憲司

参考文献

- 『鉄道ピクトリアル』電気車研究会
- 『鉄道ファン』交友社
- 『My LINE 東京時刻表』交通新聞社
- 東京地下鉄株式会社『公式パンフレットで見る東京地下鉄車両のあゆみ』ネコ
  パブリッシング、2016年
- 『首都圏鉄道大百科　首都圏を走る鉄道車両が勢ぞろい！』KADOKAWA（ウ
  ォーカームック）、2018年
- 所澤秀樹『「快速」と「準急」はどっちが速い──鉄道のオキテはややこしい』
  （光文社新書、2015年）
- 所澤秀樹『鉄道会社はややこしい──「相互直通運転」の知られざるカラクリ
  に迫る！』光文社知恵の森文庫、2016年（光文社新書、2012年）
- 所澤秀樹『鉄道時刻表の暗号を解く』光文社新書、2017年
- 所澤秀樹『鉄道の基礎知識』創元社、2010年
- 来住憲司『車両の見分け方がわかる！ 関東の鉄道車両図鑑② 大手私鉄／東京
  の中小私鉄』創元社、2022年

写真協力
大橋英樹：41頁コラム
伊藤博康（鉄道フォーラム）：86頁

著者紹介⋯⋯⋯⋯⋯⋯⋯⋯⋯⋯⋯⋯⋯⋯⋯⋯⋯⋯⋯⋯⋯⋯⋯⋯⋯⋯⋯⋯⋯⋯⋯⋯⋯⋯

所澤 秀樹（ショザワ ヒデキ）

交通史・文化研究家。旅行作家。1960年東京都生まれ。神戸市在住。日本工業大学卒業。
著書：『鉄道時刻表の暗号を解く』『「快速」と「準急」はどっちが早い？ 鉄道のオキテ
はややこしい』『鉄道フリーきっぷ 達人の旅ワザ』『日本の鉄道 乗り換え・乗り継ぎの
達人』（以上、光文社新書）、『鉄道会社はややこしい「相互直通運転」の知られざるか
らくりに迫る！』（第38回交通図書賞受賞）『鉄道地図は謎だらけ』『旅がもっと楽しく
なる 駅名おもしろ話』『青春18きっぷで愉しむ ぶらり鈍行の旅』（以上、光文社知恵の
森文庫）、『時刻表タイムトラベル』（ちくま新書）、『鉄道地図 残念な歴史』（ちくま文
庫）、『鉄道手帳』（2009～2021年版）『鉄道の基礎知識』『国鉄の基礎知識』『鉄道史の
仁義なき闘い 鉄道会社ガチンコ勝負列伝』（以上、創元社）、など多数。

来住 憲司（キシ ケンジ）

1961年東京都生まれ。明石市在住。父が転勤族だったため、生後半年ほどで四国・松山
に転居したのを皮切りに、西日本各地を転々とする少年時代を過ごす。現役蒸機時代末
期と重なったこともあり、各地で蒸機撮影にいそしむ。サラリーマン時代にはリゾート
開発に関わり、技術的な折衝で頻繁に運輸局に出入りした時期もある。その後は鉄道の
CD-ROMコンテンツや鉄道誌・旅行誌への寄稿、鉄道をテーマとする単行本を手がける。
著書：『鉄道手帳』（2022年版～）『京都鉄道博物館ガイド』『関西の鉄道車両図鑑』『関
東の鉄道車両図鑑①②』（ともに創元社）、『全国駅名事典』（編集協力、創元社）などが
ある。

東京の地下鉄相互直通ガイド［第2版］

2018年 9 月20日　　第 1 版第 1 刷発行
2018年11月30日　　第 1 版第 2 刷発行
2024年 2 月20日　　第 2 版第 1 刷発行

著　者⋯⋯⋯⋯⋯⋯⋯⋯⋯⋯⋯⋯⋯⋯⋯⋯
　　　　　　　　所 澤 秀 樹
　　　　　　　　来 住 憲 司

発行者⋯⋯⋯⋯⋯⋯⋯⋯⋯⋯⋯⋯⋯⋯⋯⋯
　　　　　　　　矢 部 敬 一

発行所⋯⋯⋯⋯⋯⋯⋯⋯⋯⋯⋯⋯⋯⋯⋯⋯
　　　　　　株式会社創 元 社
　　　　　　https://www.sogensha.co.jp/
　　　本社　〒541-0047 大阪市中央区淡路町4-3-6
　　　　　　Tel.06-6231-9010　Fax.06-6233-3111
　　東京支店　〒101-0051 東京都千代田区神田神保町1-2 田辺ビル
　　　　　　　　　　　　　Tel.03-6811-0662

印刷所⋯⋯⋯⋯⋯⋯⋯⋯⋯⋯⋯⋯⋯⋯⋯⋯
　　　　　　図書印刷株式会社

路線図原図 所澤秀樹、路線図 河本佳樹、装丁 濱崎実幸

©2024 Hideki Shozawa, Kenji Kishi, Printed in Japan
ISBN978-4-422-24108-1 C0065